司祭不在のとき主日の集会祭儀

【試用版】

カトリック中央協議会

司祭不在のときの主日の集会祭儀

【試用版】

序　文

教皇庁典礼省（現典礼秘跡省）は一九八八年六月二日付で、司祭不在のときの主日の集会祭儀のための指針を公表した。この指針は、主日にミサをささげることのできない状況が世界的にも増えており、こうした現状に対応するための指針が司教協議会から要請されたことをふまえて準備されたものである。日本でも、司祭が不在で主日のミサをささげることのできない共同体が増えつつあることを念頭におき、カトリック儀式書『ミサ以外のときの聖体拝領と聖体礼拝』を発行する際にこの指針の訳を冒頭に掲げた（本書、付録四参照）。

その後、各教区では状況に応じて、この指針に従って司祭不在のときの主日の集会祭儀が実践され、独自の式次第が編集された。また、この集会祭儀のためには信徒の司会者を養成する必要があるため、教区ごとに養成のためのコースが整えられた。他方、司祭不在のときの主日の集会祭儀に対する理解が必ずしも十分ではなかったため、司牧者にも信徒にも誤解や混乱が生じたことが報告されるようになった。

このような状況に鑑み、日本カトリック典礼委員会では、毎年九月に開催される全国典礼担当者会議において、各教区の典礼担当者に司祭不在のときの主日の集会祭儀について諮ったところ、全国で共通に用いることのできる主日の集会祭儀の儀式書に対する要望が出された。こうした要望に応えるべく、当委員会は、上記の指針に基づいて儀式書の編集に着手した。そして、その草案を全国典礼担当者会議に提出して意見を聴取し、さらに修正を加えたうえで二〇一五年度日本カトリック司教協議会臨時司教総会に提出し、承認された。なお、司祭不在のときの主日の集会祭儀の実践の経験が浅いことをふまえ、一定の試用期間を設けることもあわせて承認された。

本試用版は、発行の日から向こう三年間にわたって全国で試用された後、必要な修正を加え、さらに充実したものに改善する予定である。そのためにも、多くの共同体で試用していただき、ご意見、ご要望をお寄せくださるようお願いしたい。

二〇一八年九月十四日　十字架称賛の祝日に

日本カトリック典礼委員会委員長　梅村昌弘

目次

緒　言

一　主日の重要性

1　「教会は、キリストの復活の日に起源をもつ使徒の伝承により、過越の神秘を八日目ごとに祝う。この日はそれゆえにこそ、主の日すなわち主日と呼ばれている」[1]。

2　「この日、キリスト信者は一つに集まらなければならない。それは、神のことばを聞き、感謝の祭儀に参加して、主イエスの受難と復活と栄光を記念し、彼らを『新たに生まれさせ、死者の中からのイエス・キリストの復活によって、生き生きとした希望を与えて』（一ペトロ１・３）くださる神に感謝をささげるためである」[2]。

3　主日の集会が成り立つためには、まず教会を表す信者の集会が必要である。この集会は自発的なものではなく神によって呼び集められた神の民の集いであり、キリストの代理である司祭が主宰する。主日の集会では、聖書の朗読と司祭あるいは助祭による説教を通して、信者はキリストの過越の神秘について教えられ

る。司祭は感謝のいけにえをささげ、過越の神秘を現在のものとする。(3)

4 「主日は、信者の信仰心に明示し、刻み込まなければならない根源的な祝日であり、……典礼暦年全体の基礎であり中核(4)」となる。

5 共同体としてささげる主日の集会に行動的に参加することを通して、信者は同じキリストに結ばれた者としての愛と一致を深め、聖霊に導かれる。(5) 主日の集会は、「何よりも一致のための場であり、『一致の秘跡』を祝うために設けられている(6)」。

二 司祭不在のときの主日の集会祭儀

6 このような主日の集会がすべての共同体で守られることは理想だが、実際には司祭の不在やその他の重大な理由から、主日の集会をもつことが不可能な共同体が過去にもあり、現在もある。(7)

7 現在は、司祭の減少から、主日ごとに感謝の祭儀を執り行うことができない共同体も少なくない。また、地域によっては、主日に、同じ司祭が離れた複数の共同体を巡回してミサを行わなければならなくなっている。こうした状況は、司牧者が不在の共同体にとっても司祭自身にとっても望ましいものではない。(8)

8　こうした状況をふまえ、司教たちは、主日にキリスト者の集会が催され、主日のキリスト教的伝統が保たれるために、司祭が不在の共同体において、ミサ以外の祭儀を行う可能性について検討してきた[9]。

三　司祭不在のときの主日の集会祭儀を行うための条件

9　主日のミサをささげることができない地域では、まず信者が近隣の教会に行って感謝の祭儀に参加できるかどうかを検討すべきである[10]。

10　主日の集会祭儀を導入するにあたっては、こうした祭儀は補助的性格のものであり、司祭不在の状態を乗り切るための最善の解決策ではないこと、便利さへの譲歩であるとみなすことはできないことなどを、信者に対して丁寧に説明し、理解を得ておく必要がある[11]。

11　信者が、主日の集会祭儀と感謝の祭儀（ミサ）とを混同することがないようにしなければならない。主日の集会祭儀を通して、感謝の祭儀にあずかりたいという願いを信者のうちに増すように心掛ける[12]。司教から主日の集会祭儀をゆだねられた者は、「つねに聖体への心からの『飢え』を持ち続けるように共同体を導く責任がある[13]」。

12　感謝の祭儀は司祭なしにはささげることができないこと、主日の集会祭儀で受ける聖体は、ミサの奉献と密接に結ばれていることを、信者が理解するよう指導しなければならない[14]。また、主日の集会祭儀を、「神がみ心に従って聖なる司祭を送ってくださるよう祈るための貴重な機会としなければならない[15]」。

13　主日のミサの代わりになるものとして、他の諸教派のキリスト者とともに、エキュメニカルな形式で行われることばの祭儀や共通の祈禱文による礼拝を行うこと、ならびに他の諸教派の礼拝にあずかることは、主日のミサをささげることができない場合であっても避けなければならない[16]。

四　任務と奉仕

司教

14　教区司教は司祭評議会に意見を求めたうえで、自教区内に司祭不在のときの主日の集会祭儀を定期的に導入するか否かを決定し、関係する場所や人の状況を考慮して、主日の集会祭儀のための一般規則と個別の規則を定める。そのため、主日の集会祭儀は、司教の承認と、主任司祭の司牧的役務のもとでのみ行うことができる[17]。

15　司祭不在のときの主日の集会祭儀を導入する前に、司教は、該当する小教区の状況を調査し、司牧に携わっていない司祭（修道者も含む）の協力を要請できるかどうかを検討し、各聖堂と小教区でのミサの参加

の実態を調査することが必要である。(18)

16　司教は自らによって、もしくは他の人を通して、自教区の共同体に、司祭不在のときの主日の集会祭儀を導入することになった経緯を説明し、協力を求める。また、主日の集会祭儀が正しく行われるよう、一人の代理者を立てるか特別委員会を設置し、集会祭儀を指導する人を選び、ふさわしく養成されるようにする。そして、これらの者が、少なくとも一年に何度か感謝の祭儀に参加できるようつねに配慮する。(19)

主任司祭

17　主任司祭には、司祭不在のときの主日の集会祭儀の適合性について司教に報告し、主日の集会祭儀を司会する信徒をふさわしく養成し、週日に彼らのもとを訪問し、彼らのために諸秘跡、とくにゆるしの秘跡を執り行う務めがゆだねられている。これによって共同体は、主日に「司祭なしに」ではなく、単に「司祭が不在のときに」、より的確には「司祭を待ちながら」集まっていることを理解できるようになる。(20)

助祭

18　司祭不在のときの主日の集会祭儀の司式は、まず助祭に依頼する。助祭の務めは、祈りを指導すること、福音を宣言すること、説教をすること、聖体を授けることだからである。(21)

19　司祭不在のときの主日の集会祭儀を司式する助祭は、自らに求められている通常の方法であいさつし、祈願を唱え、福音朗読と説教、聖体授与、会衆の祝福と派遣を行う。司式する際には、アルバとストラを着用し、適当であればダルマティカを着用し、司式者の席を用いる。(22)

20　感謝の祭儀のときと同じように、信徒の他の奉仕者が助祭を助けることができる。たとえば、主日の集会祭儀の場所の準備、祭儀に必要なものの準備、福音以外の聖書朗読、詩編や聖歌の歌唱、共同祈願の意向、聖体の授与などにおいてである。(23)

信徒

21　司祭も助祭も不在の場合、主任司祭は、祈りを指導し、ことばの祭儀を司会し、聖体を授与する信徒を推薦し、司教が任命する。信徒のこの任務は、洗礼と堅信の秘跡に基づいている。(24)

22　主日の集会祭儀を司会する信徒の選出にあたっては、生活態度が福音的な生き方にかなっているかどうか、他の信者から好感をもって迎えられるかどうかに留意する。任命は通常、一定の期間に限定し、できるかぎり特別な祈りを伴う典礼祭儀をもって任命し、共同体に公表する。主任司祭は、任命された信徒に対して、たえずふさわしい養成を施し、品位ある祭儀を行うようこの信徒とともに準備をする。(25)

23　司祭不在のときの主日の集会祭儀の中で聖体が授与される場合がある。そのため、すでに聖体授与の臨時の奉仕者に任命されている者の中から信徒の司会者が選ばれるようにする。

24　任命された信徒は、ゆだねられた務めが名誉ではなく使命であることを心にとめ、主任司祭の権威のもとで行う兄弟姉妹への奉仕の務めであることを自覚しなければならない。また、務めを果たすにあたっては、「自らにかかわることだけを、そしてそのすべてを」行うよう心掛ける。[26] 信徒はこの務めを、神の民が期待している誠実な信仰心と秩序をもって果たさなければならない。[27]

25　司祭不在のときの主日の集会祭儀を司会する信徒は、叙階された司祭や助祭に留保されているあいさつのことば（「主は皆さんとともに」）や派遣の祝福など、明らかにミサを連想させるようなことばや動作を省かなければならない。[28]

26　主日の集会祭儀を司会する信徒は、すべての奉仕者に共通の祭服であるアルバを着用し、[29] 司式者の席には座らず、内陣の外のふさわしい場所に席を用意する。祭壇は奉献と過越の宴《うたげ》の食卓であるため、聖別されたホスティアを聖体の授与の前に置くためにのみ用いる。[30]

27　主日の集会祭儀の参加者が、朗読された神のことばを心に刻むことができるよう、朗読の後に勧めのことばを述べるか沈黙の時間を取るようにする。説教（homilia）は司祭または助祭に留保されているので信徒は行うことができないが、[31]司祭が準備した説教を読み上げるか、主日の集会祭儀を司会する信徒が司祭とともに準備した勧めのことばを伝えることができる。[32]

28　一人の信徒が主日の集会祭儀全体を取り仕切るより、さまざまな役割を複数の信徒で分担するほうが望ましい。[33]そのため、主日の集会祭儀を司会する信徒を、信徒の他の奉仕者が助けることができる。たとえば、集会祭儀の場所の準備、祭儀に必要なものの準備、福音以外の聖書朗読、詩編や聖歌の歌唱、共同祈願の意向、聖体の授与などにおいてである。

五　司祭不在のときの主日の集会祭儀の形式

29　司祭が不在でミサをささげることができない場合、ことばの祭儀を行うことが勧められている。[34]ことばの祭儀を通して、聖書と教会の祈りの宝庫を提供することができ、ミサのために定められた聖書朗読配分に基づいて朗読される神のことばと、典礼季節に固有のさまざまな祈願の恵みに触れる機会を信者に提供することが可能となる。[35]

30　ことばの祭儀には、適宜、聖体による交わりを加えることができる。[36]こうして、ミサの中で聖体による交わりにあずかれないとしても、信者は神のことばの食卓とキリストのからだの食卓から信仰の糧を受けることができる。

主日の集会祭儀に聖体による交わりを加えることができない場合も、ミサのために定められた聖書の朗読を通して、自らのことばのうちに現存するキリスト[37]に支えられ、導かれていることを自覚することができる。

31　本儀式書には、司祭不在のときの主日の集会祭儀のために、「教会の祈り」（聖務日課）に基づく形式と「ことばの祭儀」に基づく形式が掲載されている。

「教会の祈り」の形式

32　「教会の祈り」の形式は、「朝の祈り」もしくは「晩の祈り」を用いて行われる。[38]「信者は「教会の祈り」のために呼ばれ、一つに集まって、心と声を合わせるとき、キリストの神秘を祝う教会を現す[39]」ことになる。また、結びには聖体の授与を加えることもできる。[40]

33　本儀式書の「朝の祈り」の形式と「晩の祈り」の形式は、以下の共通の要素で構成されている。

- 開祭――初め、賛歌、招きのことば。
- 詩編唱和――第一主日用の詩編唱和が掲載されているが、当日の詩編唱和を用いることもできる。
- ことばの典礼――通常の主日のミサと同じように、その日のことばの典礼を行う。聖体拝領を行わない場合は、信仰宣言の後に福音の歌（ザカリアの歌、マリアの歌）を歌い、共同祈願に続いて「主の祈り」を唱え、閉祭に続く。
• 交わりの儀――「主の祈り」と「平和のあいさつ」に続いて、一同は聖体を拝領する。拝領の後、福音の歌（ザカリアの歌、マリアの歌）を歌う。
• 閉祭――通常のミサと同じように閉祭を行う。

「ことばの祭儀」の形式

34 「ことばの祭儀」の形式は、その日のことばの典礼に基づいて行われる。信者が、神のことばとキリストのからだに養われるよう、必要に応じて聖体の授与を加えることができる。さらに、ある状況においては、主日の集会祭儀と洗礼、結婚、祝福式などを適宜結びつけることができる。(41)

35 「ことばの祭儀」の形式を構成する中心的要素は、ことばの典礼と交わりの儀である。ミサに固有な要素、とくに供えものを運ぶ行列と奉献文を挿入してはならない。(42)

36 それぞれの主日、祭日、主の祝祭日の祈願文と朗読箇所は、『ミサ典礼書』と『朗読聖書』から取られる。こうして、司祭不在のときの主日の集会祭儀においても、ミサがささげられている他の共同体との交わりの中で、典礼暦年の展開に従って祈り、神のことばを聴くことができる。(43)

37　本儀式書の「ことばの祭儀」の形式は、以下の要素で構成されている。
• 開祭——初めの聖歌、あいさつ、招きのことば、回心（第三形式）、集会祈願。
• ことばの典礼——通常の主日のミサと同じように、その日のことばの典礼を行い、共同祈願の後、賛美と感謝の祈りを唱える。聖体拝領を行わない場合は、賛美と感謝の祈りに続いて「主の祈り」を唱え、閉祭に続く。
• 交わりの儀——「主の祈り」と「平和のあいさつ」に続いて、一同は聖体を拝領する。
• 閉祭——通常のミサと同じように閉祭を行う。

六　主日の集会祭儀のための準備

38　主任司祭は、参加者の人数や信徒の司会者の司会の経験などを考慮に入れ、司会者とともに祭儀を準備する。また、歌や奏楽に用いる楽器などについても考慮する。[44]

39　準備にあたっては、以下の点に留意する。
• 聖体拝領を行う場合、祭壇には少なくとも一枚の白い祭壇布をかける。[45] 聖堂以外の場所で行われる場合、適当な机を準備し、その上に白い祭壇布をかける。崇敬と喜びを表すため、祭壇の上もしくはその近くにろうそくを二本ともす。[46] 聖体拝領を行わない場合、朗読台の近くにろうそくをともすことができる。
• 祭壇の上、もしくは近くに、磔刑のキリスト像のついた十字架を置く。[47]

• 朗読聖書を祭儀の前に朗読台に置く。[48] 朗読福音書があれば祭儀の前に祭壇の上に置くことができる。
• 聖体拝領を行う場合、祭器卓もしくはふさわしい台の上にコルポラーレを置く。
• 聖体が保存されていない聖堂で行う場合、祭儀の前に、司会者は聖体を入れた器を運び聖櫃に納める。聖堂以外の場所で聖体拝領が行われる場合、聖体をテカまたは他の器に入れてふたを閉めて運び、ふさわしい台の上に置く。[49]
• 祭壇を装飾する場合、ミサの場合と同じように典礼季節や祝祭日の特徴を念頭に置き、節度を守るようにする。[50]

典礼暦年に関する留意点

40　待降節中に「ことばの祭儀」の形式で行う場合、祭日と祝日を除いて、賛美と感謝の祈り（134）では栄光の賛歌は歌わない。[51]

41　待降節には、主の誕生の喜びを先取りしないよう、ふさわしい節度をもってオルガンと他の楽器を用いることができる。四旬節には、四旬節第四主日（レターレの主日）と祭日と祝日を除いて、オルガンと他の楽器は、歌を支えるためだけに用いる。[52]

42　四旬節中に「ことばの祭儀」の形式で行う場合、祭日と祝日を除いて、賛美と感謝の祈り（134）では栄光の賛歌と賛美の賛歌（テ・デウム）は歌わない。[53] また、四旬節中はすべての「アレルヤ」を控える。

43　復活徹夜祭に洗礼式が行われる場合、四旬節第一主日には洗礼志願式が行われ、四旬節第三、第四、第五主日には洗礼志願者のための典礼が行われることを考慮する。[54]

44　聖なる過越の三日間は、典礼暦年全体の頂点に位置づけられる。[55] したがって、司祭のいる共同体は、司祭不在の共同体が聖なる三日間の典礼に可能なかぎり参加できるよう、時間や場所を考慮する。

注

（1）第二バチカン公会議『典礼憲章』106（*Sacrosanctum Concilium*）。
（2）同。
（3）教皇庁典礼省「司祭不在のときの主日の集会祭儀指針（一九八八年六月二日）」（以下「主日の集会祭儀指針」）12（*Directorium de celebrationibus dominicalibus absente presbytero*: *Notitiae* 24 [1988], 368-369）参照。
（4）第二バチカン公会議『典礼憲章』106。
（5）「主日の集会祭儀指針」15（*Notitiae* 24 [1988], 369）参照。
（6）教皇ヨハネ・パウロ二世使徒的書簡『主の日――日曜日の重要性（一九九八年五月三十一日）』36（*Dies Domini*: *AAS* 90 [1998], 735-736）。

（7）「主日の集会祭儀指針」2（*Notitiae* 24 [1988], 366）参照。

（8）同5（*Ibid.*, 366-367）参照。

（9）同6（*Ibid.*, 367）参照。

（10）同18（*Ibid.*, 370）参照。

（11）同21（*Ibid.*, 371）参照。

（12）同22（*Ibid.*, 371）参照。

（13）教皇庁典礼秘跡省指針『あがないの秘跡（二〇〇四年三月二十五日）』164（*Redemptionis Sacramentum*: *AAS* 96 [2004], 594-595）。

（14）「主日の集会祭儀指針」23（*Notitiae* 24 [1988], 371）参照。

（15）教皇ベネディクト十六世使徒的勧告『愛の秘跡（二〇〇七年二月二十二日）』75（*Sacramentum Caritatis*: *AAS* 99 [2007], 162-163）。

（16）教皇ヨハネ・パウロ二世回勅『教会にいのちを与える聖体（二〇〇三年四月十七日）』30（*Ecclesia de Eucharistia*: *AAS* 95 [2003], 453-454）、教皇庁キリスト教一致推進評議会『エキュメニズム新指針——その原則と規定の適用（一九九三年三月二十五日）』115（*Directory for the Application of Principles and Norms on Ecumenism*: *AAS* 85 [1993], 1085）参照。

（17）「主日の集会祭儀指針」24（*Notitiae* 24 [1988], 371-372）参照。

（18）同25（*Ibid.*, 372）、教皇庁礼部聖省『聖体祭儀指針（一九六七年五月二十五日）』26（*Eucharisticum Mysterium*: *AAS* 59 [1967], 555-556）参照。

（19）「主日の集会祭儀指針」26（*Notitiae* 24 [1988], 372）参照。

（20）同27（*Ibid.*, 372）参照。
（21）同29（*Ibid.*, 372-373）参照。
（22）同38（*Ibid.*, 375）参照。
（23）同40（*Ibid.*, 375）参照。
（24）同30（*Ibid.*, 373）、教会法第一二三〇条第三項参照。
（25）「主日の集会祭儀指針」30（*Notitiae* 24 [1988], 373）参照。
（26）第二バチカン公会議『典礼憲章』28参照。
（27）「主日の集会祭儀指針」31（*Notitiae* 24 [1988], 373）参照。
（28）同39（*Ibid.*, 375）参照。
（29）「ローマ・ミサ典礼書の総則」336、339（*Institutio generalis Missalis Romani*）参照。
（30）「主日の集会祭儀指針」40（*Notitiae* 24 [1988], 375）参照。
（31）教会法第七六六―七六七条参照。
（32）「主日の集会祭儀指針」43（*Notitiae* 24 [1988], 376）参照。
（33）教皇庁典礼秘跡省指針『あがないの秘跡（二〇〇四年三月二十五日）』165（*Redemptionis Sacramentum*: *AAS* 96 [2004], 595）参照。
（34）第二バチカン公会議『典礼憲章』35・4参照。
（35）「主日の集会祭儀指針」19、20（*Notitiae* 24 [1988], 370-371）参照。
（36）同20（*Ibid.*, 370-371）参照。
（37）第二バチカン公会議『典礼憲章』7参照。

(38) 「主日の集会祭儀指針」33（*Notitiae* 24 [1988], 374）参照。
(39) 「教会の祈りの総則」22（*Institutio generalis de Liturgia Horarum*）。
(40) 「主日の集会祭儀指針」33（*Notitiae* 24 [1988], 374）参照。
(41) 同20（*Ibid.*, 370-371）参照。
(42) 同35（*Ibid.*, 374）参照。
(43) 同36（*Ibid.*, 374）参照。
(44) 同37（*Ibid.*, 374）参照。
(45) 「ローマ・ミサ典礼書の総則」117参照。
(46) カトリック儀式書『ミサ以外のときの聖体拝領と聖体礼拝』一般緒言19（*Rituale Romanum, De sacra communione et de cultu mysterii eucharistici extra Missam, Praenotanda generalia*）、「ローマ・ミサ典礼書の総則」117参照。
(47) 「ローマ・ミサ典礼書の総則」117参照。
(48) 同118b参照。
(49) カトリック儀式書『ミサ以外のときの聖体拝領と聖体礼拝』第一章緒言20参照。
(50) 「ローマ・ミサ典礼書の総則」305、日本カトリック司教協議会『新しい「ローマ・ミサ典礼書の総則」に基づく変更箇所――二〇一五年十一月二十九日（待降節第一主日）からの実施に向けて』12頁参照。
(51) 「ローマ・ミサ典礼書の総則」53参照。
(52) 同313、日本カトリック司教協議会『新しい「ローマ・ミサ典礼書の総則」に基づく変更箇所――二〇一五年十一月二十九日（待降節第一主日）からの実施に向けて』10頁参照。
(53) 「ローマ・ミサ典礼書の総則」53、「教会の祈りの総則」68参照。

（54）カトリック儀式書『成人のキリスト教入信式』緒言21—27、51—52（*Rituale Romanum, Ordo initiationis christianae adultorum, Praenotanda*）参照。

（55）「典礼暦年と典礼暦に関する一般原則」18（*Normae universales de Anno liturgico et de Calendario*）参照。

第一章　「教会の祈り」の形式

一　「朝の祈り」の形式

45　以下の式は、司祭不在のときの主日の集会祭儀を「教会の祈り」の「朝の祈り」の形式で行う場合に用いる。助祭が司式するか、あるいは正式に任命された信徒の司会者が司会する。

開　祭

46　初め

会衆が集まると、各共同体で決めた方法（たとえば小鐘を鳴らす）によって式の始まりを知らせる。一同は起立する。司会者は会衆に向かって立ち、自らに十字架のしるしをして歌うか唱える。

司　✠ 神《かみ》よ、わたしを力《ちから》づけ、

一同　急《いそ》いで助《たす》けに来《き》てください。

司　栄光《えいこう》は父《ちち》と子《こ》と聖霊《せいれい》に、

一同　初《はじ》めのように今《いま》もいつも世々《よよ》に。アーメン。（アレルヤ。）

47　**賛歌**

典礼季節やその日の特徴を考慮して、一同はふさわしい賛歌を歌う。

48　**招きのことば**

司会者は、その日、司祭がどの共同体でミサをささげているかを信者に知らせ、その共同体と霊的に一致するよう、たとえば次のような言葉で招く。当日の典礼について簡潔に説明することもできる。

司　皆《みな》さん、わたしたちは今日《きょう》、主《しゅ》の日《ひ》（または　〇〇〇〇）を祝《いわ》うために集《あつ》まりました。
わたしたちの司祭《しさい》〇〇〇〇は〇〇（小教区や共同体の名）でミサをささげています。この〇〇の兄弟姉妹《きょうだいしまい》と、今日《きょう》、主《しゅ》の日《ひ》（または　〇〇〇〇）を祝《いわ》うすべての共同体《きょうどうたい》と心《こころ》を一《ひと》つにして、喜《よろこ》びのうちにこの祭儀《さいぎ》をささげましょう。

詩編唱和

49　一同は着席し、詩編を唱える。以下の詩編唱和（第一主日用）のほかに、当日の詩編唱和を用いることもできる。
歌う場合は『教会の祈り』の旋律（『典礼聖歌』363）を用いる。

第一唱和（詩編63・2—9）神を慕う心

先　あなたの力《ちから》と栄《さか》えにあこがれて、神《かみ》よ、わたしはあなたを慕《した》う。アレルヤ。

待降節、四旬節に

先　いのちのある限《かぎ》り、あなたに感謝《かんしゃ》し、あなたの名《な》を呼《よ》び求《もと》める。（アレルヤ。）

神《かみ》よ、わたしの神《かみ》よ、わたしはあなたを慕《した》う。
水《みず》のない荒《あ》れ果《は》てた土地《とち》のように、
わたしの心《こころ》はあなたを慕《した》い、
からだはあなたをかわき求《もと》める。
あなたの力《ちから》と栄《さか》えにあこがれて、
聖所《せいじょ》であなたを仰《あお》ぎ見《み》る。
あなたの恵《めぐ》みはいのちにまさり、

わたしの口《くち》はあなたをたたえる。
いのちのある限《かぎ》り、あなたに感謝《かんしゃ》し、
手《て》を高《たか》く上《あ》げてあなたの名《な》を呼《よ》び求《もと》める。
もてなしを受《う》けた時《とき》のように、
わたしの心《こころ》は豊《ゆた》かになり、口《くち》には喜《よろこ》びの歌《うた》がのぼる。
床《とこ》の中《なか》であなたを思《おも》い起《お》こし、
夜《よ》どおし、あなたのことを思《おも》う。
あなたはわたしの助《たす》け。
あなたの翼《つばさ》のかげにわたしは隠《かく》れる。
わたしの心《こころ》はあなたにたより、
あなたの右《みぎ》の手《て》はわたしをささえる。
栄光《えいこう》は父《ちち》と子《こ》と聖霊《せいれい》に、
初《はじ》めのように今《いま》もいつも世々《よよ》に。アーメン。

一同はしばらく沈黙のうちに黙想する。

第二唱和（ダニエル3・57―88、56）すべてのものは神をたたえる

先　神《かみ》よ、あなたはすべてにまさり、代々《よよ》にほめたたえられる。（アレルヤ。）

造《つく》られたものはみな神《かみ》を賛美《さんび》し、
代々《よよ》に神《かみ》をほめたたえよ。
天《てん》のすべてのものは神《かみ》を賛美《さんび》し、
神《かみ》の使《つか》いは神《かみ》をたたえよ。

空《そら》の上《うえ》の水《みず》はみな神《かみ》を賛美《さんび》し、
天《てん》のすべての力《ちから》は神《かみ》をたたえよ。
太陽《たいよう》と月《つき》は神《かみ》を賛美《さんび》し、
空《そら》の星《ほし》は神《かみ》をたたえよ。

雨《あめ》と露《つゆ》は神《かみ》を賛美《さんび》し、

すべての風《かぜ》は神《かみ》をたたえよ。
火《ひ》と暑《あつ》さは神《かみ》を賛美《さんび》し、
冬《ふゆ》の厳《きび》しさも神《かみ》をたたえよ。

かすみと霧《きり》は神《かみ》を賛美《さんび》し、
霜《しも》と寒《さむ》さも神《かみ》をたたえよ。
氷《こおり》と雪《ゆき》は神《かみ》を賛美《さんび》し、
夜《よる》も昼《ひる》も神《かみ》をたたえよ。

光《ひかり》とやみは神《かみ》を賛美《さんび》し、
稲妻《いなずま》と雲《くも》は神《かみ》をたたえよ。
大地《だいち》は神《かみ》を賛美《さんび》し、
代々《よよ》に神《かみ》をほめたたえよ。
山《やま》と丘《おか》は神《かみ》を賛美《さんび》し、
地《ち》にはえる草木《くさき》は神《かみ》をたたえよ。

←

泉《いずみ》の水《みず》は神《かみ》を賛美《さんび》し、
海《うみ》も川《かわ》も神《かみ》をたたえよ。

海《うみ》の獣《けもの》、水《みず》に住《す》む生《い》き物《もの》は神《かみ》を賛美《さんび》し、
空《そら》の鳥《とり》は神《かみ》をたたえよ。
野《の》の獣《けもの》と家畜《かちく》は神《かみ》を賛美《さんび》し、
すべての人《ひと》は神《かみ》をたたえよ。

イスラエルは神《かみ》を賛美《さんび》し、
代々《よよ》に神《かみ》をほめたたえよ。
神《かみ》の祭司《さいし》は神《かみ》を賛美《さんび》し、
神《かみ》のしもべは神《かみ》をたたえよ。

神《かみ》に従《したが》う人《ひと》は神《かみ》を賛美《さんび》し、
神《かみ》を敬《うやま》い、へりくだる人《ひと》は神《かみ》をたたえよ。
アナニア、アサリア、ミサエルは神《かみ》を賛美《さんび》し、代々《よよ》に神《かみ》をほめたたえよ。

賛美《さんび》は父《ちち》と子《こ》と聖霊《せいれい》に、
代々《よよ》に神《かみ》をほめたたえよう。
神《かみ》よ、高《たか》い大空《おおぞら》の中《なか》であなたは賛美《さんび》され、
すべてにまさり、代々《よよ》にほめたたえられる。

一同はしばらく沈黙のうちに黙想する。

第三唱和（詩編149）民のつどいの喜び

先　シオンの子《こ》らはその王《おう》を喜《よろこ》べ。アレルヤ。

待降節、降誕節、四旬節に

先　神《かみ》はその民《たみ》を心《こころ》に留《と》め、貧《まず》しい人《ひと》を勝利《しょうり》で飾《かざ》られる。（アレルヤ。）

新《あたら》しい歌《うた》を神《かみ》に歌《うた》い、
民《たみ》のつどいで神《かみ》を賛美《さんび》しよう。
イスラエルはその造《つく》り主《ぬし》を喜《よろこ》び、
シオンの子《こ》らはその王《おう》を喜《よろこ》べ。

舞《まい》をささげて神《かみ》の名《な》をほめ、
鼓《つづみ》と琴《こと》に合《あ》わせて神《かみ》をたたえよ。
神《かみ》はその民《たみ》を心《こころ》に留《と》め、
貧《まず》しい人《ひと》を勝利《しょうり》で飾《かざ》られる。

栄光《えいこう》をあびて神《かみ》の民《たみ》は喜《よろこ》び、
神《かみ》に仕《つか》え、高《たか》らかに歌《うた》う。
かれらの口《くち》には神《かみ》への賛美《さんび》、
手《て》には鋭《するど》い剣《つるぎ》がある。

諸国《しょこく》はその報《むく》いを受《う》け、その民《たみ》はしずめられ、王《おう》はくさりで、諸侯《しょこう》はかせでつながれる。
定《さだ》められたさばきを果《は》たすこと、
これは神《かみ》を敬《うやま》う人《ひと》の誉《ほま》れ。
栄光《えいこう》は父《ちち》と子《こ》と聖霊《せいれい》に、
初《はじ》めのように今《いま》もいつも世々《よよ》に。アーメン。

一同はしばらく沈黙のうちに黙想する。

ことばの典礼

50

詩編唱和が終わると、ミサと同じようにことばの典礼を行う。司会者は朗読の前に、会衆の心を神のことばに向かわせるために、朗読箇所や各朗読どうしの関連性などについて勧めのことばを簡潔に述べることもできる。

聖書朗読、答唱詩編、アレルヤ唱（詠唱）はその日のミサのものを用いる。

51

第一朗読

朗読者は聖書を朗読する。朗読の後、一同は沈黙のうちに神のことばを味わう。

52　答唱詩編

一同は答唱詩編を歌うか唱える。

53　第二朗読

朗読者は聖書を朗読する。朗読の後、一同は沈黙のうちに神のことばを味わう。

54　アレルヤ唱（詠唱）

一同は起立し、アレルヤ唱（詠唱）を歌う。

55　福音朗読

助祭が司式する場合、ミサと同じように福音を朗読する。

信徒の司会者が朗読する場合、朗読前の「主は皆さんとともに」は省く。

56　説教（勧めのことば）

助祭が司式する場合は説教を行う。

信徒が司会する場合、司祭があらかじめ準備した説教を読み上げることができる。あるいは、司祭とともに準備した、福音朗読に基づくふさわしい勧めのことばを述べることができる。

説教（勧めのことば）の後、一同はしばらく沈黙のうちに黙想する。

57　信仰宣言

続いて、一同は起立して信仰宣言を行う。以下のいずれかの信条を歌うか唱える。

ニケア・コンスタンチノープル信条

わたしは信《しん》じます。唯一《ゆいいつ》の神《かみ》、全能《ぜんのう》の父《ちち》、
天《てん》と地《ち》、見《み》えるもの、見《み》えないもの、すべてのものの造《つく》り主《ぬし》を。
わたしは信《しん》じます。唯一《ゆいいつ》の主《しゅ》イエス・キリストを。
主《しゅ》は神《かみ》のひとり子《ご》、すべてに先立《さきだ》って父《ちち》より生《う》まれ、
神《かみ》よりの神《かみ》、光《ひかり》よりの光《ひかり》、まことの神《かみ》よりのまことの神《かみ》、
造《つく》られることなく生《う》まれ、父《ちち》と一体《いったい》。すべては主《しゅ》によって造《つく》られました。
主《しゅ》は、わたしたち人類《じんるい》のため、わたしたちの救《すく》いのために天《てん》からくだり、

以下、「人となられました」まで一同は礼をする。

聖霊《せいれい》によって、おとめマリアよりからだを受《う》け、人《ひと》となられました。
ポンティオ・ピラトのもとで、わたしたちのために十字架《じゅうじか》につけられ、
苦《くる》しみを受《う》け、葬《ほうむ》られ、
聖書《せいしょ》にあるとおり三日目《みっかめ》に復活《ふっかつ》し、天《てん》に昇《のぼ》り、父《ちち》の右《みぎ》の座《ざ》に着《つ》いておられます。
主《しゅ》は、生者《せいしゃ》と死者《ししゃ》を裁《さば》くために栄光《えいこう》のうちに再《ふたた》び来《こ》られます。
その国《くに》は終《お》わることがありません。

わたしは信《しん》じます。主《しゅ》であり、いのちの与《あた》え主《ぬし》である聖霊《せいれい》を。
聖霊《せいれい》は、父《ちち》と子《こ》から出《で》て、父《ちち》と子《こ》とともに礼拝《れいはい》され、栄光《えいこう》を受《う》け、
また預言者《よげんしゃ》をとおして語《かた》られました。
わたしは、聖《せい》なる、普遍《ふへん》の、使徒的《しとてき》、唯一《ゆいいつ》の教会《きょうかい》を信《しん》じます。
罪《つみ》のゆるしをもたらす唯一《ゆいいつ》の洗礼《せんれい》を認《みと》め、
死者《ししゃ》の復活《ふっかつ》と来世《らいせ》のいのちを待《ま》ち望《のぞ》みます。
アーメン。

使徒信条

天地《てんち》の創造主《そうぞうしゅ》、全能《ぜんのう》の父《ちち》である神《かみ》を信《しん》じます。
父《ちち》のひとり子《ご》、わたしたちの主《しゅ》イエス・キリストを信《しん》じます。

以下、「おとめマリアから生まれ」まで一同は礼をする。

主《しゅ》は聖霊《せいれい》によってやどり、おとめマリアから生《う》まれ、
ポンティオ・ピラトのもとで苦《くる》しみを受《う》け、
十字架《じゅうじか》につけられて死《し》に、葬《ほうむ》られ、陰府《よみ》に下《くだ》り、

三日目《みっかめ》に死者《ししゃ》のうちから復活《ふっかつ》し、天《てん》に昇《のぼ》って、全能《ぜんのう》の父《ちち》である神《かみ》の右《みぎ》の座《ざ》に着《つ》き、
生者《せいしゃ》と死者《ししゃ》を裁《さば》くために来《こ》られます。
聖霊《せいれい》を信《しん》じ、聖《せい》なる普遍《ふへん》の教会《きょうかい》、聖徒《せいと》の交《まじ》わり、罪《つみ》のゆるし、
からだの復活《ふっかつ》、永遠《えいえん》のいのちを信《しん》じます。
アーメン。

58　聖体拝領を行う場合は64に続く。

59　聖体拝領を行わない場合、以下に続く。

60　ザカリアの歌

信仰宣言に続いて、一同はザカリアの歌を歌う。当日の交唱、あるいは他のふさわしい交唱を歌うこともできる。歌の初めに一同は十字架のしるしをする。司会者は会衆とともに祭壇のほうに向かって歌う。

交唱　神《かみ》をほめたたえよ。イスラエルの神《かみ》は民《たみ》を訪《おとず》れてあがなわれた。（アレルヤ。）

✠　神《かみ》をほめたたえよ、イスラエルの神《かみ》を。

神《かみ》は民《たみ》を訪《おとず》れてあがない、
わたしたちのために力強《ちからづよ》い救《すく》い主《ぬし》を、
しもべダビデの家《いえ》に立《た》てられた。

神《かみ》は昔《むかし》、預言者《よげんしゃ》によって語《かた》られたように、
わたしたちに逆《さか》らう者《もの》、うらみをいだく者《もの》の手《て》から、
わたしたちを救《すく》い、祖先《そせん》をあわれみ、
とうとい契約《けいやく》を心《こころ》に留《と》められた。

神《かみ》は先祖《せんぞ》アブラハムに約束《やくそく》されたとおり、
逆《さか》らう者《もの》からわたしたちを救《すく》われた。
生涯《しょうがい》をきよく正《ただ》しく平和《へいわ》に送《おく》り、
神《かみ》に仕《つか》えることができるように。

幼子《おさなご》よ、おまえも神《かみ》の預言者《よげんしゃ》と呼《よ》ばれ、
主《しゅ》の前《まえ》を歩《あゆ》み、その道《みち》をととのえ、

罪《つみ》のゆるしによる救《すく》いをその民《たみ》に知《し》らせる。
すべては神《かみ》のあわれみのこころによる。
神《かみ》の深《ふか》いあわれみにより、
夜《よ》明《あ》けの太陽《たいよう》はわたしたちに臨《のぞ》み、
やみと死《し》の陰《かげ》にある人《ひと》を照《て》らし、
わたしたちの歩《あゆ》みを平和《へいわ》に導《みちび》く。
栄光《えいこう》は父《ちち》と子《こ》と聖霊《せいれい》に、
初《はじ》めのように今《いま》もいつも世々《よよ》に。アーメン。

交唱　神《かみ》をほめたたえよ。イスラエルの神《かみ》は民《たみ》を訪《おとず》れてあがなわれた。（アレルヤ。）

61

共同祈願

続いて共同祈願を唱える。司会者は手を合わせ、『教会の祈り』にあるその日の共同祈願の招きのことばを述べ、他の奉仕者が意向を述べる。あるいは、ふさわしい意向を準備することもできる。教区長が決めた教区全体のための意向があれば必ず唱え、司祭召命のため、教区長のため、主任司祭のための意向をたびたび唱えるようにする。

主の祈り

司会者は手を合わせて、たとえば次のようなことばで主の祈りに招く。

司　主《しゅ》の教《おし》えを守《まも》り、みことばに従《したが》い、つつしんで主《しゅ》の祈《いの》りを唱《とな》えましょう。

または

司　主《しゅ》イエスは、神《かみ》を父《ちち》と呼《よ》ぶよう教《おし》えてくださいました。信頼《しんらい》をもって主《しゅ》の祈《いの》りを唱《とな》えましょう。

一同　天《てん》におられるわたしたちの父《ちち》よ、
み名《な》が聖《せい》とされますように。
み国《くに》が来《き》ますように。
みこころが天《てん》に行《おこな》われるとおり地《ち》にも行《おこな》われますように。
わたしたちの日《ひ》ごとの糧《かて》を今日《きょう》もお与《あた》えください。
わたしたちの罪《つみ》をおゆるしください。わたしたちも人《ひと》をゆるします。
わたしたちを誘惑《ゆうわく》におちいらせず、悪《あく》からお救《すく》いください。

63 この後、結びの祈りとしてその日のミサの集会祈願（112頁以下参照）を唱え、75に続く。

64 **共同祈願（信者の祈り）**

続いて共同祈願を唱える。司会者は手を合わせ、『教会の祈り』にあるその日の共同祈願の招きのことばを述べ、他の奉仕者が意向を述べる。あるいは、ふさわしい意向を準備することもできる。教区長が決めた教区全体のための意向があれば必ず唱え、司祭召命のため、教区長のため、主任司祭のための意向をたびたび唱えるようにする。最後に、司会者が助祭の場合は手を広げて結びの祈りを唱える。司会者が信徒の場合は手を合わせて唱える。

交わりの儀

65 共同祈願が終わると、司会者あるいは他の奉仕者は、祭壇上にコルポラーレを広げる。そして、聖体が保存されている場所に行き、聖体を納めたピクシス（チボリウム）を祭壇上に運び、ふたを取り、手を合わせて深く礼をする。

66 **主の祈り**

続いて、司会者は席に戻り、たとえば次のようなことばで主の祈りに招く。

司　神《かみ》のことばで養《やしな》われたわたしたちは今《いま》、主《しゅ》の食卓《しょくたく》に招《まね》かれています。主《しゅ》の御《おん》からだをいただく前《まえ》に心《こころ》を合《あ》わせて主《しゅ》の祈《いの》りを唱《とな》えましょう。

一同　天《てん》におられるわたしたちの父《ちち》よ、
み名《な》が聖《せい》とされますように。
み国《くに》が来《き》ますように。
みこころが天《てん》に行《おこな》われるとおり地《ち》にも行《おこな》われますように。
わたしたちの日《ひ》ごとの糧《かて》を今日《きょう》もお与《あた》えください。
わたしたちの罪《つみ》をおゆるしください。わたしたちも人《ひと》をゆるします。
わたしたちを誘惑《ゆうわく》におちいらせず、悪《あく》からお救《すく》いください。

67　平和のあいさつ

適当であれば、司会者はたとえば次のようなことばで招く。

司　互《たが》いに平和《へいわ》のあいさつを交《か》わしましょう。

一同は平和と一致と愛を示すために、手を合わせ、「主の平和」と言って互いに礼をすることができる。他の方法を用いることもできる。

68
拝領

司会者は祭壇に行き、手を合わせて深く礼をしてからホスティアを取り、ピクシス（チボリウム）を添えて示し、会衆に向かってはっきりとした声で唱える。

司　**神《かみ》の小羊《こひつじ》の食卓《しょくたく》に招《まね》かれた者《もの》は幸《さいわ》い。**

続いて会衆とともに唱える。

一同　**主《しゅ》よ、あなたは神《かみ》の子《こ》キリスト、永遠《えいえん》のいのちの糧《かて》、あなたをおいてだれのところに行《ゆ》きましょう。**

69
司会者は少し身をかがめて静かに唱える。

司　**キリストの御《おん》からだが、永遠《えいえん》のいのちの糧《かて》になりますように。**

そしてうやうやしくキリストの御からだを拝領する。

70　司会者（と聖体授与の臨時の奉仕者）はピクシス（チボリウム）を持って拝領者のもとに行く。そして、ホスティアを取って拝領者一人ひとりに示して言う。

司　**キリストの御《おん》からだ。**

拝領者は「アーメン」と答えてキリストの御からだを拝領する。

71　拝領が始まると、拝領の歌を歌うことができる。

72　拝領の後、司会者（と聖体授与の臨時の奉仕者）は祭壇に戻る。ホスティアが残っていれば聖体を保存するために定められた場所に運ぶ。

73　司会者、あるいは他の奉仕者は、交わりの儀で使用した祭器具・布類を片づけて席に戻り、一同は着席してしばらく沈黙のうちに祈る。

続いて一同は起立し、ザカリアの歌（60参照）を歌う。当日の交唱、あるいは他のふさわしい交唱を歌うこともできる。

74　**拝領祈願**

続いてその日のミサの拝領祈願（112頁以下参照）を唱える。祈願の内容が適当でない場合は、付録にある他の拝領祈願の中から一つを唱える。司会者は会衆に向かって立ち、手を合わせて祈りに招く。

司　**祈《いの》りましょう。**

一同はしばらく沈黙のうちに祈る。
続いて、助祭が司式する場合は手を広げて拝領祈願を唱え、会衆はその結びに「アーメン」と唱える。
信徒が司会する場合は手を合わせたまま唱え、会衆はその結びに「アーメン」と唱える。

閉　祭

75　**お知らせ**
司会者あるいは他の奉仕者は、小教区あるいは教区の生活や行事に関連のあるお知らせを簡潔に行うことができる。
必要に応じて献金を行う場合、お知らせの中で案内し、退堂時に集めることができる。

76　**祝福と派遣**
助祭が司式する場合、会衆に向かって手を広げて言う。

助　**主《しゅ》は皆《みな》さんとともに。**

会衆　また司祭《しさい》とともに。

助祭は会衆を祝福して唱える。状況に応じて荘厳な祝福、あるいは会衆のための祈願を用いることもできる。

助　全能《ぜんのう》の神《かみ》、父《ちち》と子《こ》と聖霊《せいれい》の祝福《しゅくふく》が ✠ 皆《みな》さんの上《うえ》にありますように。

会衆　アーメン。

77　続いて助祭は手を合わせて言う。

助　行《ゆ》きましょう。主《しゅ》の平和《へいわ》のうちに。（アレルヤ。）

会衆　神《かみ》に感謝《かんしゃ》。（アレルヤ。）

78　信徒が司会する場合、会衆とともに十字架のしるしをしながら言う。

司　✠ 全能《ぜんのう》の神《かみ》がわたしたちを祝福《しゅくふく》し、
すべての悪《あく》から守《まも》り、永遠《えいえん》のいのちに導《みちび》いてくださいますように。

会衆　アーメン。

79　続いて司会者は手を合わせて言う。

司　賛美《さんび》と感謝《かんしゃ》のうちに。

会衆　アーメン。

80　結びにふさわしい聖歌を歌うことができる。

二　「晩の祈り」の形式

81 以下の式は、司祭不在のときの主日の集会祭儀を「教会の祈り」の「晩の祈り」の形式で行う場合に用いる。助祭が司式するか、あるいは正式に任命された信徒の司会者が司会する。

開　祭

82 初め
会衆が集まると、各共同体で決めた方法（たとえば小鐘を鳴らす）によって式の始まりを知らせる。一同は起立する。司会者は会衆に向かって立ち、自らに十字架のしるしをして歌うか唱える。

司　✠ 神《かみ》よ、わたしを力《ちから》づけ、

一同　急《いそ》いで助《たす》けに来《き》てください。

司　栄光《えいこう》は父《ちち》と子《こ》と聖霊《せいれい》に、

一同 初《はじ》めのように今《いま》もいつも世々《よよ》に。アーメン。(アレルヤ。)

83 **賛歌**

典礼季節やその日の特徴を考慮して、一同はふさわしい賛歌を歌う。

84 **招きのことば**

司会者は、その日、司祭がどの共同体でミサをささげているかを信者に知らせ、その共同体と霊的に一致するよう、たとえば次のような言葉で招く。当日の典礼について簡潔に説明することもできる。

司 皆《みな》さん、わたしたちは今日《きょう》、主《しゅ》の日《ひ》(または ○○○○)を祝《いわ》うために集《あつ》まりました。わたしたちの司祭《しさい》○○○○は○○(小教区や共同体の名)でミサをささげています。この○○の兄弟姉妹《きょうだいしまい》と、今日《きょう》、主《しゅ》の日《ひ》(または ○○○○)を祝《いわ》うすべての共同体《きょうどうたい》と心《こころ》を一《ひと》つにして、喜《よろこ》びのうちにこの祭儀《さいぎ》をささげましょう。

詩編唱和

85 一同は着席し、詩編を唱える。以下の詩編唱和(第一主日用)のほかに、当日の詩編唱和を用いることもできる。歌う場合は『教会の祈り』の旋律(『典礼聖歌』364)を用いる。

第一唱和（詩編110・1―5、7）王であり祭司である救い主

先　神《かみ》は王《おう》しゃくを持《も》つあなたをシオンから起《お》こされた。アレルヤ。

四旬節、復活節に

先　主《しゅ》は勝利《しょうり》をおさめ、その力《ちから》を現《あらわ》す。（アレルヤ。）

神《かみ》はわたしの主《しゅ》に仰《おお》せになる。

「わたしの右《みぎ》にすわれ。はむかう者《もの》をおまえの足台《あしだい》とする。」

神《かみ》は王《おう》しゃくを持《も》つあなたをシオンから起《お》こされた。

はむかう者《もの》の中《なか》で治《おさ》めてください。


生《う》まれた日《ひ》からあなたには王《おう》の威厳《いげん》が備《そな》わっている。

あなたは朝《あさ》の露《つゆ》のように生《う》まれ、光《ひか》り輝《かがや》く。

「メルキゼデクのように、おまえは永遠《えいえん》の祭司《さいし》。」

これはゆるぎない神《かみ》のことば。
神《かみ》は、その右《みぎ》の手《て》で
怒《いか》りの日《ひ》、王《おう》たちを砕《くだ》かれる。
主《しゅ》は諸国《しょこく》をさばき、勝利《しょうり》をおさめ、
遠《とお》く地《ち》の果《は》てまで、力《ちから》をもって君臨《くんりん》する。
主《しゅ》は沢《さわ》の流《なが》れでかわきをいやし、
こうして、その力《ちから》を現《あらわ》す。
栄光《えいこう》は父《ちち》と子《こ》と聖霊《せいれい》に、
初《はじ》めのように、今《いま》もいつも世々《よよ》に。アーメン。

一同はしばらく沈黙のうちに黙想する。

第二唱和（詩編114）エジプトから解放されたイスラエル

先　地《ち》は神《かみ》の前《まえ》におののけ。（アレルヤ。）

イスラエルがエジプトを出《で》て
ヤコブの家《いえ》がことばの違《ちが》う民《たみ》から離《はな》れた時《とき》、
ユダは神《かみ》の聖地《せいち》となり、
イスラエルは神《かみ》の国土《こくど》となった。

海《うみ》はこれを見《み》て退《しりぞ》き、
ヨルダンはその流《なが》れをもどした。
山《やま》は雄羊《おひつじ》のようにおどりあがり、
丘《おか》は小羊《こひつじ》のように喜《よろこ》びおどった。

海《うみ》よ、どうして退《しりぞ》くのか。
ヨルダンよ、どうして流《なが》れをもどすのか。
山《やま》よ、どうして雄羊《おひつじ》のようにおどりあがり、
丘《おか》よ、どうして小羊《こひつじ》のように喜《よろこ》びおどるのか。

地《ち》は神《かみ》の前《まえ》に、ヤコブの神《かみ》の前《まえ》におののけ。

神《かみ》は岩《いわ》を流《なが》れに、石《いし》を泉《いずみ》に変《か》えられた。
栄光《えいこう》は父《ちち》と子《こ》と聖霊《せいれい》に、
初《はじ》めのように今《いま》もいつも世々《よよ》に。アーメン。

一同はしばらく沈黙のうちに黙想する。

第三唱和（黙示録19・1―7）小羊の婚宴

先　神《かみ》をほめたたえよう。（アレルヤ。）
勝利《しょうり》と栄光《えいこう》と力《ちから》はわたしたちの神《かみ》のもの、
神《かみ》のさばきは真実《しんじつ》で正《ただ》しい。
神《かみ》のすべてのしもべよ、わたしたちの神《かみ》を賛美《さんび》せよ。
神《かみ》をおそれ敬《うやま》う者《もの》はみな、神《かみ》を賛美《さんび》せよ。
主《しゅ》は万物《ばんぶつ》を支配《しはい》され、
わたしたちの神《かみ》である主《しゅ》は王《おう》となられた。←

わたしたちは喜《よろこ》び楽《たの》しみ、神《かみ》をほめたたえよう。
小羊《こひつじ》の婚宴《こんえん》の時《とき》が来《き》て、花嫁《はなよめ》のしたくはできた。
栄光《えいこう》は父《ちち》と子《こ》と聖霊《せいれい》に、
初《はじ》めのように、今《いま》もいつも世々《よよ》に。アーメン。

一同はしばらく沈黙のうちに黙想する。

四旬節には以下を唱える。

第三唱和（一ペトロ2・21b—24）神のしもべの受難

先　キリストは、わたしたちのために苦《くる》しみを受《う》け、模範《もはん》を残《のこ》された。
キリストは、わたしたちのために苦《くる》しみを受《う》け、
あなたがたがその跡《あと》に従《したが》うよう模範《もはん》を残《のこ》された。
キリストは罪《つみ》を犯《おか》したこともなく、

いつわりを口《くち》にされたこともない。
ののしられてもののしり返《かえ》すことなく、
苦《くる》しめられてもおどすことなく、
正《ただ》しくさばかれるかたに、
ご自身《じしん》をゆだねられた。

わたしたちが罪《つみ》に死《し》んで正《ただ》しく生《い》きるため、
キリストは十字架《じゅうじか》の上《うえ》で、
わたしたちの罪《つみ》を身《み》に負《お》われた。
その傷《きず》によって、あなたがたもいやされた。
栄光《えいこう》は父《ちち》と子《こ》と聖霊《せいれい》に、
初《はじ》めのように、今《いま》もいつも世々《よよ》に。アーメン。

一同はしばらく沈黙のうちに黙想する。

ことばの典礼

86
詩編唱和が終わると、ミサと同じようにことばの典礼を行う。司会者は朗読の前に、会衆の心を神のことばに向かわせるために、朗読箇所や各朗読どうしの関連性などについて勧めのことばを簡潔に述べることもできる。
聖書朗読、答唱詩編、アレルヤ唱（詠唱）はその日のミサのものを用いる。

87
第一朗読
朗読者は聖書を朗読する。朗読の後、一同は沈黙のうちに神のことばを味わう。

88
答唱詩編
一同は答唱詩編を歌うか唱える。

89
第二朗読
朗読者は聖書を朗読する。朗読の後、一同は沈黙のうちに神のことばを味わう。

90
アレルヤ唱（詠唱）
一同は起立し、アレルヤ唱（詠唱）を歌う。

91
福音朗読

助祭が司式する場合、ミサと同じように福音を朗読する。
信徒の司会者が朗読する場合、朗読前の「主は皆さんとともに」は省く。

92
説教（勧めのことば）
助祭が司式する場合は説教を行う。
信徒が司会する場合、司祭があらかじめ準備した説教を読み上げることができる。あるいは、司祭とともに準備した、福音朗読に基づくふさわしい勧めのことばを述べることができる。
説教（勧めのことば）の後、一同はしばらく沈黙のうちに黙想する。

93
信仰宣言
続いて一同は起立して信仰宣言を行う。以下のいずれかの信条を歌うか唱える。

ニケア・コンスタンチノープル信条
わたしは信《しん》じます。唯一《ゆいいつ》の神《かみ》、全能《ぜんのう》の父《ちち》、
天《てん》と地《ち》、見《み》えるもの、見《み》えないもの、すべてのものの造《つく》り主《ぬし》を。
わたしは信《しん》じます。唯一《ゆいいつ》の主《しゅ》イエス・キリストを。
主《しゅ》は神《かみ》のひとり子《ご》、すべてに先立《さきだ》って父《ちち》より生《う》まれ、
神《かみ》よりの神《かみ》、光《ひかり》よりの光《ひかり》、まことの神《かみ》よりのまことの神《かみ》、

造《つく》られることなく生《う》まれ、父《ちち》と一体《いったい》。すべては主《しゅ》によって造《つく》られました。
主《しゅ》は、わたしたち人類《じんるい》のため、わたしたちの救《すく》いのために天《てん》からくだり、

以下、「人となられました」まで一同は礼をする。

聖霊《せいれい》によって、おとめマリアよりからだを受《う》け、人《ひと》となられました。
ポンティオ・ピラトのもとで、わたしたちのために十字架《じゅうじか》につけられ、
苦《くる》しみを受《う》け、葬《ほうむ》られ、
聖書《せいしょ》にあるとおり三日目《みっかめ》に復活《ふっかつ》し、天《てん》に昇《のぼ》り、父《ちち》の右《みぎ》の座《ざ》に着《つ》いておられます。
主《しゅ》は、生者《せいしゃ》と死者《ししゃ》を裁《さば》くために栄光《えいこう》のうちに再《ふたた》び来《こ》られます。
その国《くに》は終《お》わることがありません。
わたしは信《しん》じます。主《しゅ》であり、いのちの与《あた》え主《ぬし》である聖霊《せいれい》を。
聖霊《せいれい》は、父《ちち》と子《こ》から出《で》て、父《ちち》と子《こ》とともに礼拝《れいはい》され、栄光《えいこう》を受《う》け、
また預言者《よげんしゃ》をとおして語《かた》られました。
わたしは、聖《せい》なる、普遍《ふへん》の、使徒的《しとてき》、唯一《ゆいいつ》の教会《きょうかい》を信《しん》じます。
罪《つみ》のゆるしをもたらす唯一《ゆいいつ》の洗礼《せんれい》を認《みと》め、
死者《ししゃ》の復活《ふっかつ》と来世《らいせ》のいのちを待《ま》ち望《のぞ》みます。

アーメン。

使徒信条

天地《てんち》の創造主《そうぞうしゅ》、全能《ぜんのう》の父《ちち》である神《かみ》を信《しん》じます。
父《ちち》のひとり子《ご》、わたしたちの主《しゅ》イエス・キリストを信《しん》じます。
以下、「おとめマリアから生まれ」まで一同は礼をする。
主《しゅ》は聖霊《せいれい》によってやどり、おとめマリアから生《う》まれ、
ポンティオ・ピラトのもとで苦《くる》しみを受《う》け、
十字架《じゅうじか》につけられて死《し》に、葬《ほうむ》られ、陰府《よみ》に下《くだ》り、
三日目《みっかめ》に死者《ししゃ》のうちから復活《ふっかつ》し、天《てん》に昇《のぼ》って、全能《ぜんのう》の父《ちち》である神《かみ》の右《みぎ》の座《ざ》に着《つ》き、
生者《せいしゃ》と死者《ししゃ》を裁《さば》くために来《こ》られます。
聖霊《せいれい》を信《しん》じ、聖《せい》なる普遍《ふへん》の教会《きょうかい》、聖徒《せいと》の交《まじ》わり、罪《つみ》のゆるし、
からだの復活《ふっかつ》、永遠《えいえん》のいのちを信《しん》じます。
アーメン。

94　聖体拝領を行う場合は101に続く。

95　聖体拝領を行わない場合、以下に続く。

96　マリアの歌

信仰宣言に続いて、一同はマリアの歌を歌う。当日の交唱、あるいは他のふさわしい交唱を歌うこともできる。歌の初めに一同は十字架のしるしをする。司会者は会衆とともに祭壇のほうに向かって歌う。

交唱　わたしは神《かみ》をあがめ、神《かみ》の救《すく》いに喜《よろこ》びおどる。（アレルヤ。）

✠ わたしは神《かみ》をあがめ、
わたしの心《こころ》は神《かみ》の救《すく》いに喜《よろこ》びおどる。
神《かみ》は卑《いや》しいはしためを顧《かえり》みられ、
いつの代《よ》の人《ひと》もわたしをしあわせな者《もの》と呼《よ》ぶ。
神《かみ》はわたしに偉大《いだい》なわざを行《おこな》われた。

その名《な》はとうとく、あわれみは代々《よよ》、神《かみ》をおそれ敬《うやま》う人《ひと》の上《うえ》に。
神《かみ》はその力《ちから》を現《あらわ》し、
思《おも》いあがる者《もの》を打《う》ち砕《くだ》き、
権力《けんりょく》をふるう者《もの》をその座《ざ》からおろし、
見捨《みす》てられた人《ひと》を高《たか》められる。
飢《う》えに苦《くる》しむ人《ひと》はよいもので満《み》たされ、
おごり暮《く》らす者《もの》はむなしくなって帰《かえ》る。
神《かみ》はいつくしみを忘《わす》れることなく、しもべイスラエルを助《たす》けられた。
わたしたちの祖先《そせん》、アブラハムとその子孫《しそん》に約束《やくそく》されたように。
栄光《えいこう》は父《ちち》と子《こ》と聖霊《せいれい》に、
初《はじ》めのように今《いま》もいつも世々《よよ》に。アーメン。

交唱

わたしは神《かみ》をあがめ、神《かみ》の救《すく》いに喜《よろこ》びおどる。（アレルヤ。）

97

共同祈願（信者の祈り）

続いて共同祈願を唱える。司会者は手を合わせ、『教会の祈り』にあるその日の共同祈願の招きのことばを述べ、他の奉仕者が意向を述べる。あるいは、ふさわしい意向を準備することもできる。教区長が決めた教区全体のための意向があれば必ず唱え、司祭召命のため、教区長のため、主任司祭のための意向をたびたび唱えるようにする。

98

主の祈り

司会者は手を合わせて、たとえば次のようなことばで主の祈りに招く。

司　主《しゅ》の教《おし》えを守《まも》り、みことばに従《したが》い、つつしんで主《しゅ》の祈《いの》りを唱《とな》えましょう。

または

司　主《しゅ》イエスは、神《かみ》を父《ちち》と呼《よ》ぶよう教《おし》えてくださいました。信頼《しんらい》をもって主《しゅ》の祈《いの》りを唱《とな》えましょう。

一同　天《てん》におられるわたしたちの父《ちち》よ、
み名《な》が聖《せい》とされますように。
み国《くに》が来《き》ますように。

みこころが天《てん》に行《おこな》われるとおり地《ち》にも行《おこな》われますように。
わたしたちの日《ひ》ごとの糧《かて》を今日《きょう》もお与《あた》えください。
わたしたちの罪《つみ》をおゆるしください。わたしたちも人《ひと》をゆるします。
わたしたちを誘惑《ゆうわく》におちいらせず、悪《あく》からお救《すく》いください。

99 この後、結びの祈りとしてその日のミサの集会祈願（112頁以下参照）を唱え、111に続く。

---

100 **共同祈願（信者の祈り）**

続いて共同祈願を唱える。司会者は手を合わせ、『教会の祈り』にあるその日の共同祈願の招きのことばを述べ、他の奉仕者が意向を述べる。あるいは、ふさわしい意向を準備することもできる。教区長が決めた教区全体のための意向があれば必ず唱え、司祭召命のため、教区長のため、主任司祭のための意向をたびたび唱えるようにする。最後に、司会者が助祭の場合は手を広げて結びの祈りを唱える。司会者が信徒の場合は手を合わせて唱える。

交わりの儀

101 共同祈願が終わると、司会者あるいは他の奉仕者は、祭壇上にコルポラーレを広げる。そして、聖体が保存されている場所に行き、聖体を納めたピクシス（チボリウム）を祭壇上に運び、ふたを取り、手を合わせて深く礼をする。

102
主の祈り

続いて、司会者は席に戻り、たとえば次のようなことばで主の祈りに招く。

司　神《かみ》のことばで養《やしな》われたわたしたちは今《いま》、主《しゅ》の食卓《しょくたく》に招《まね》かれています。主《しゅ》の御《おん》からだをいただく前《まえ》に心《こころ》を合《あ》わせて主《しゅ》の祈《いの》りを唱《とな》えましょう。

一同　天《てん》におられるわたしたちの父《ちち》よ、
み名《な》が聖《せい》とされますように。
み国《くに》が来《き》ますように。
みこころが天《てん》に行《おこな》われるとおり地《ち》にも行《おこな》われますように。
わたしたちの日《ひ》ごとの糧《かて》を今日《きょう》もお与《あた》えください。
わたしたちの罪《つみ》をおゆるしください。わたしたちも人《ひと》をゆるします。
わたしたちを誘惑《ゆうわく》におちいらせず、悪《あく》からお救《すく》いください。

103
平和のあいさつ

適当であれば、司会者はたとえば次のようなことばで招く。

司

互《たが》いに平和《へいわ》のあいさつを交《か》わしましょう。

一同は平和と一致と愛を示すために、手を合わせ、「主の平和」と言って互いに礼をすることができる。他の方法を用いることもできる。

104

拝領

司会者は祭壇に行き、手を合わせて深く礼をしてからホスティアを取り、ピクシス（チボリウム）を添えて示し、会衆に向かってはっきりとした声で唱える。

司

神《かみ》の小羊《こひつじ》の食卓《しょくたく》に招《まね》かれた者《もの》は幸《さいわ》い。

続いて会衆とともに唱える。

一同

主《しゅ》よ、あなたは神《かみ》の子《こ》キリスト、永遠《えいえん》のいのちの糧《かて》、あなたをおいてだれのところに行《ゆ》きましょう。

105

司会者は少し身をかがめて静かに唱える。

司　キリストの御《おん》からだが、永遠《えいえん》のいのちの糧《かて》になりますように。

そしてうやうやしくキリストの御からだを拝領する。

106 司会者（と聖体授与の臨時の奉仕者）はピクシス（チボリウム）を持って拝領者のもとに行く。そして、ホスティアを取って拝領者一人ひとりに示して言う。

司　キリストの御《おん》からだ。

拝領者は「アーメン」と答えてキリストの御からだを拝領する。

107 拝領が始まると、拝領の歌を歌うことができる。

108 拝領の後、司会者（と聖体授与の臨時の奉仕者）は祭壇に戻る。ホスティアが残っていれば聖体を保存するために定められた場所に運ぶ。

109 司会者、あるいは他の奉仕者は、交わりの儀で使用した祭器具・布類を片づけて席に戻り、一同は着席してしばらく沈黙のうちに祈る。

続いて一同は起立し、マリアの歌（96参照）を歌う。当日の交唱、あるいは他のふさわしい交唱を歌うこともできる。

110 **拝領祈願**

続いてその日のミサの拝領祈願（112頁以下参照）を唱える。祈願の内容が適当でない場合は、付録にある他の拝領祈願の中から一つを唱える。司会者は会衆に向かって立ち、手を合わせて祈りに招く。

司 **祈《いの》りましょう。**

一同はしばらく沈黙のうちに祈る。

続いて、助祭が司式する場合は手を広げて拝領祈願を唱え、会衆はその結びに「アーメン」と唱える。

信徒が司会する場合は手を合わせたまま唱え、会衆はその結びに「アーメン」と唱える。

閉祭

111 **お知らせ**

司会者あるいは他の奉仕者は、小教区あるいは教区の生活や行事に関連のあるお知らせを簡潔に行うことができる。

必要に応じて献金を行う場合、お知らせの中で案内し、退堂時に集めることができる。

112 **祝福と派遣**

助祭が司式する場合、会衆に向かって手を広げて言う。

助　主《しゅ》は皆《みな》さんとともに。

会衆　また司祭《しさい》とともに。

助祭は会衆を祝福して唱える。状況に応じて荘厳な祝福、あるいは会衆のための祈願を用いることもできる。

助　全能《ぜんのう》の神《かみ》、父《ちち》と子《こ》と聖霊《せいれい》の祝福《しゅくふく》が ✠ 皆《みな》さんの上《うえ》にありますように。

会衆　アーメン。

113 続いて助祭は手を合わせて言う。

助　行《ゆ》きましょう。主《しゅ》の平和《へいわ》のうちに。（アレルヤ。）

会衆　神《かみ》に感謝《かんしゃ》。（アレルヤ。）

114　信徒が司会する場合、会衆とともに十字架のしるしをしながら言う。

司　✠全能《ぜんのう》の神《かみ》がわたしたちを祝福《しゅくふく》し、
すべての悪《あく》から守《まも》り、永遠《えいえん》のいのちに導《みちび》いてくださいますように。

会衆　アーメン。

115　続いて司会者は手を合わせて言う。

司　賛美《さんび》と感謝《かんしゃ》のうちに。

会衆　アーメン。

116　結びにふさわしい聖歌を歌うことができる。

第二章　「ことばの祭儀」の形式

117 以下の式は、司祭不在のときの主日の集会祭儀を「ことばの祭儀」の形式で行う場合に用いる。助祭が司式するか、あるいは正式に任命された信徒の司会者が司会する。

開祭

118 初めの聖歌

会衆が集まると、各共同体で決めた方法（たとえば小鐘を鳴らす）によって式の始まりを知らせる。一同は起立してふさわしい聖歌を歌う。聖歌が終わると、司会者は会衆に向かって次のことばを唱え、司会者と会衆は立ったまま自らに十字架のしるしをする。

司　✠ 父《ちち》と子《こ》と聖霊《せいれい》のみ名《な》によって。

会衆　アーメン。

119 あいさつ

助祭が司式する場合、手を広げて次のようにあいさつする。聖書から取られた他のことばを用いることもできる。

助　主《しゅ》イエス・キリストの恵《めぐ》み、神《かみ》の愛《あい》、聖霊《せいれい》の交《まじ》わりが皆《みな》さんとともに。

会衆　また司祭《しさい》とともに。

または

助　主《しゅ》イエス・キリストによって、神《かみ》である父《ちち》からの恵《めぐ》みと平和《へいわ》が皆《みな》さんとともに。

会衆　また司祭《しさい》とともに。

または

助　主《しゅ》は皆《みな》さんとともに。

会衆　また司祭《しさい》とともに。

120　信徒が司会する場合、以下のようなことばで会衆にあいさつする。

司　主《しゅ》イエス・キリストによって、神《かみ》である父《ちち》からの恵《めぐ》みと平和《へいわ》がわたしたちの上《うえ》にありますように。

会衆　アーメン。

121 招きのことば

司会者は、その日、司祭がどの共同体でミサをささげているかを信者に知らせ、その共同体と霊的に一致するよう、たとえば次のような言葉で招く。当日の典礼について簡潔に説明することもできる。

司　皆《みな》さん、わたしたちは今日《きょう》、主《しゅ》の日《ひ》（または　○○○○）を祝《いわ》うために集《あつ》まりました。わたしたちの司祭《しさい》○○○○は○○（小教区や共同体の名）でミサをささげています。この○○の兄弟姉妹《きょうだいしまい》と、今日《きょう》、主《しゅ》の日《ひ》（または　○○○○）を祝《いわ》うすべての共同体《きょうどうたい》と心《こころ》を一《ひと》つにして、喜《よろこ》びのうちにこの祭儀《さいぎ》をささげましょう。

122 回心

司会者は、たとえば次のようなことばで回心へと招く。

司　皆《みな》さん、いつくしみ深《ふか》い神《かみ》は、わたしたちを一《ひと》つに集《あつ》め、みことばといのちの糧《かて》で養《やしな》ってくださいます。ふさわしい心《こころ》でこの祭儀《さいぎ》にあずかり、神《かみ》を賛美《さんび》することができるよう、わたしたちの罪《つみ》を認《みと》め、心《こころ》を改《あらた》めましょう。

123 短い沈黙の後、司会者はたとえば次のようなことばを先唱し、会衆は応唱する。

司　打《う》ち砕《くだ》かれた心《こころ》をいやすために遣《つか》わされた主《しゅ》よ、あわれみたまえ。

会衆　主《しゅ》よ、あわれみたまえ。

司　罪《つみ》びとを招《まね》くために来《こ》られたキリスト、あわれみたまえ。

会衆　キリスト、あわれみたまえ。

司　父《ちち》の右《みぎ》の座《ざ》にあって、
わたしたちのためにとりなしてくださる主《しゅ》よ、あわれみたまえ。

会衆　主《しゅ》よ、あわれみたまえ。

司　全能《ぜんのう》の神《かみ》がわたしたちをあわれみ、罪《つみ》をゆるし、
永遠《えいえん》のいのちに導《みちび》いてくださいますように。

会衆　アーメン。

124 集会祈願

続いてその日のミサの集会祈願（112頁以下参照）を唱える。司会者は会衆に向かって立ち、手を合わせて祈りに招く。

司 祈《いの》りましょう。

一同はしばらく沈黙のうちに祈る。

続いて、助祭が司式する場合は手を広げて集会祈願を唱え、会衆はその結びに「アーメン」と唱える。

信徒が司会する場合は手を合わせたまま唱え、会衆はその結びに「アーメン」と唱える。

ことばの典礼

125 一同は着席し、その日のミサのことばの典礼を行う。司会者は朗読の前に、会衆の心を神のことばに向かわせるために、朗読箇所や各朗読どうしの関連性などについて勧めのことばを簡潔に述べることもできる。

126 第一朗読

朗読者は聖書を朗読する。朗読の後、一同は沈黙のうちに神のことばを味わう。

127 答唱詩編

一同は答唱詩編を歌うか唱える。

128 **第二朗読**

朗読者は聖書を朗読する。朗読の後、一同は沈黙のうちに神のことばを味わう。

129 **アレルヤ唱(詠唱)**

一同は起立し、アレルヤ唱(詠唱)を歌う。

130 **福音朗読**

助祭が司式する場合、ミサと同じように福音を朗読する。

信徒の司会者が朗読する場合、朗読前の「主は皆さんとともに」は省く。

131 **説教(勧めのことば)**

助祭が司式する場合は説教を行う。

信徒が司会する場合、司祭があらかじめ準備した説教を読み上げることができる。あるいは、司祭とともに準備した、福音朗読に基づくふさわしい勧めのことばを述べることができる。

説教(勧めのことば)の後、一同はしばらく沈黙のうちに黙想する。

132 **信仰宣言**

続いて一同は起立して信仰宣言を行う。以下のいずれかの信条を歌うか唱える。

ニケア・コンスタンチノープル信条

わたしは信《しん》じます。唯一《ゆいいつ》の神《かみ》、全能《ぜんのう》の父《ちち》、
天《てん》と地《ち》、見《み》えるもの、見《み》えないもの、すべてのものの造《つく》り主《ぬし》を。
わたしは信《しん》じます。唯一《ゆいいつ》の主《しゅ》イエス・キリストを。
主《しゅ》は神《かみ》のひとり子《ご》、すべてに先立《さきだ》って父《ちち》より生《う》まれ、
神《かみ》よりの神《かみ》、光《ひかり》よりの光《ひかり》、まことの神《かみ》よりのまことの神《かみ》、
造《つく》られることなく生《う》まれ、父《ちち》と一体《いったい》。すべては主《しゅ》によって造《つく》られました。
主《しゅ》は、わたしたち人類《じんるい》のため、わたしたちの救《すく》いのために天《てん》からくだり、

以下、「人となられました」まで一同は礼をする。

聖霊《せいれい》によって、おとめマリアよりからだを受《う》け、人《ひと》となられました。
ポンティオ・ピラトのもとで、わたしたちのために十字架《じゅうじか》につけられ、
苦《くる》しみを受《う》け、葬《ほうむ》られ、
聖書《せいしょ》にあるとおり三日目《みっかめ》に復活《ふっかつ》し、天《てん》に昇《のぼ》り、父《ちち》の右《みぎ》の座《ざ》に着《つ》いておられます。
主《しゅ》は、生者《せいしゃ》と死者《ししゃ》を裁《さば》くために栄光《えいこう》のうちに再《ふたた》び来《こ》られます。
その国《くに》は終《お》わることがありません。

わたしは信《しん》じます。主《しゅ》であり、いのちの与《あた》え主《ぬし》である聖霊《せいれい》を。
聖霊《せいれい》は、父《ちち》と子《こ》から出《で》て、父《ちち》と子《こ》とともに礼拝《れいはい》され、栄光《えいこう》を受《う》け、
また預言者《よげんしゃ》をとおして語《かた》られました。
わたしは、聖《せい》なる、普遍《ふへん》の、使徒的《しとてき》、唯一《ゆいいつ》の教会《きょうかい》を信《しん》じます。
罪《つみ》のゆるしをもたらす唯一《ゆいいつ》の洗礼《せんれい》を認《みと》め、
死者《ししゃ》の復活《ふっかつ》と来世《らいせ》のいのちを待《ま》ち望《のぞ》みます。
アーメン。

使徒信条

天地《てんち》の創造主《そうぞうしゅ》、全能《ぜんのう》の父《ちち》である神《かみ》を信《しん》じます。
父《ちち》のひとり子《ご》、わたしたちの主《しゅ》イエス・キリストを信《しん》じます。

以下、「おとめマリアから生まれ」まで一同は礼をする。

主《しゅ》は聖霊《せいれい》によってやどり、おとめマリアから生《う》まれ、
ポンティオ・ピラトのもとで苦《くる》しみを受《う》け、
十字架《じゅうじか》につけられて死《し》に、葬《ほうむ》られ、陰府《よみ》に下《くだ》り、

三日目《みっかめ》に死者《ししゃ》のうちから復活《ふっかつ》し、天《てん》に昇《のぼ》って、全能《ぜんのう》の父《ちち》である神《かみ》の右《みぎ》の座《ざ》に着《つ》き、
生者《せいしゃ》と死者《ししゃ》を裁《さば》くために来《こ》られます。
聖霊《せいれい》を信《しん》じ、聖《せい》なる普遍《ふへん》の教会《きょうかい》、聖徒《せいと》の交《まじ》わり、罪《つみ》のゆるし、
からだの復活《ふっかつ》、永遠《えいえん》のいのちを信《しん》じます。
アーメン。

133

共同祈願（信者の祈り）

続いて共同祈願を唱える。司会者は手を合わせて招きのことばを述べ、他の奉仕者が意向を述べる。ミサの四つの意向を参考にして、ふさわしい意向を準備することができる。教区長が決めた教区全体のための意向があれば必ず唱え、司祭召命のため、教区長のため、主任司祭のための意向をたびたび唱えるようにする。最後に、司会者が助祭の場合は手を広げて、たとえば以下のような結びの祈りを唱える。司会者が信徒の場合は手を合わせて唱える。

司　いつくしみ深《ふか》い神《かみ》よ、
感謝《かんしゃ》と信頼《しんらい》のうちにささげる祈《いの》りを聞《き》き入《い》れてください。
きょうここに集《つど》うわたしたちが、あなたの招《まね》きにこたえ、
力強《ちからづよ》く信仰《しんこう》をあかしすることができますように。

わたしたちの主《しゅ》イエス・キリストによって。

会衆　アーメン。

134

賛美と感謝の祈り

共同祈願の後、司会者は手を合わせて一同を賛美と感謝の祈りに招く。賛美と感謝の祈りを唱えるとき、司会者は会衆とともに祭壇のほうに向かって一緒に唱える。

以下に掲げる詩編のほかに、ふさわしい聖書の歌や賛美の歌（栄光の賛歌、賛美の賛歌など）を用いることもできる（102頁以下参照）。

司　神《かみ》のかぎりない愛《あい》といつくしみをたたえ、感謝《かんしゃ》をこめて唱《とな》えましょう。

詩編100　神に向かって歩む喜び（詩編100・1―5）

先　世界《せかい》よ、神《かみ》に喜《よろこ》びの声《こえ》をあげ、歓呼《かんこ》の歌《うた》をささげつつ、
み前《まえ》に進《すす》み、喜《よろこ》んで神《かみ》に仕《つか》えよ。

会衆　神《かみ》に感謝《かんしゃ》をささげて、その名《な》をたたえよう。

先　主《しゅ》こそ神《かみ》であると悟《さと》れ。神《かみ》はわたしたちを造《つく》られた。
わたしたちは神《かみ》のもの、その民《たみ》、その牧場《まきば》の羊《ひつじ》。

会衆　神《かみ》に感謝《かんしゃ》をささげて、その名《な》をたたえよう。
先　感謝《かんしゃ》に満《み》ちて門《もん》をくぐり、賛美《さんび》を歌《うた》って中庭《なかにわ》にはいる。
会衆　神《かみ》に感謝《かんしゃ》をささげて、その名《な》をたたえよう。
先　神《かみ》に感謝《かんしゃ》をささげて、その名《な》をたたえよう。
会衆　神《かみ》はいつくしみ深《ふか》く、そのあわれみは限《かぎ》りなく、
そのまことは代々《よよ》におよぶ。
会衆　神《かみ》に感謝《かんしゃ》をささげて、その名《な》をたたえよう。

または

詩編113　神の名に賛美と栄光（詩編113・1―9）

先　（ハレルヤ。）ほめよ、神《かみ》に仕《つか》える者《もの》よ。神《かみ》の名《な》をほめたたえよ。
会衆　神《かみ》の名《な》に賛美《さんび》、今《いま》よりとこしえに。
先　日《ひ》の昇《のぼ》るところから沈《しず》むところまで、神《かみ》の名《な》はたたえられる。
神《かみ》はすべての民《たみ》にあがめられ、その栄光《えいこう》は天《てん》にそびえる。
会衆　神《かみ》の名《な》に賛美《さんび》、今《いま》よりとこしえに。

先　わたしたちの神《かみ》、主《しゅ》に、及《およ》ぶ者《もの》はない。
神《かみ》は高《たか》く座《ざ》し、天《てん》と地《ち》を見《み》おろされる。
会衆　神《かみ》の名《な》に賛美《さんび》、今《いま》よりとこしえに。
先　神《かみ》は貧《まず》しい人《ひと》を立《た》ち上《あ》がらせ、恵《めぐ》まれない人《ひと》を高《たか》く上《あ》げ、
支配者《しはいしゃ》とともにすわらせ、民《たみ》の支配者《しはいしゃ》とともに並《なら》ばせる。
会衆　神《かみ》の名《な》に賛美《さんび》、今《いま》よりとこしえに。
先　神《かみ》は、子《こ》のない女《おんな》に子《こ》どもを与《あた》え、
家庭《かてい》で、幸《しあわ》せな母《はは》の座《ざ》に着《つ》かせる。（ハレルヤ。）
会衆　神《かみ》の名《な》に賛美《さんび》、今《いま》よりとこしえに。

または

詩編118　救いのわざを感謝する歌（詩編118・1—4、22—29）

先　神《かみ》に感謝《かんしゃ》せよ、神《かみ》はいつくしみ深《ふか》く、そのあわれみは永遠《えいえん》。
会衆　神《かみ》に感謝《かんしゃ》せよ、神《かみ》はいつくしみ深《ふか》く、そのあわれみは永遠《えいえん》。
先　イスラエルよ、叫《さけ》べ。「神《かみ》のいつくしみは永遠《えいえん》。」

会衆　神《かみ》に感謝《かんしゃ》せよ、神《かみ》はいつくしみ深《ふか》く、そのあわれみは永遠《えいえん》。

先　アロンの家《いえ》よ、叫《さけ》べ。「神《かみ》のいつくしみは永遠《えいえん》。」

会衆　神《かみ》に感謝《かんしゃ》せよ、神《かみ》はいつくしみ深《ふか》く、そのあわれみは永遠《えいえん》。

先　神《かみ》をおそれる者《もの》よ、叫《さけ》べ。「神《かみ》のいつくしみは永遠《えいえん》。」

会衆　神《かみ》に感謝《かんしゃ》せよ、神《かみ》はいつくしみ深《ふか》く、そのあわれみは永遠《えいえん》。

先　家造《いえつく》りの捨《す》てた石《いし》が、もっともたいせつな石《いし》となった。
これは神《かみ》のわざ、人《ひと》の目《め》には不思議《ふしぎ》なこと。

会衆　神《かみ》に感謝《かんしゃ》せよ、神《かみ》はいつくしみ深《ふか》く、そのあわれみは永遠《えいえん》。

先　きょうこそ、神《かみ》が造《つく》られた日《ひ》、この日《ひ》をともに喜《よろこ》び祝《いわ》おう。

会衆　神《かみ》に感謝《かんしゃ》せよ、神《かみ》はいつくしみ深《ふか》く、そのあわれみは永遠《えいえん》。

先　神《かみ》よ、救《すく》いをわたしたちに。神《かみ》よ、しあわせをわたしたちに。
神《かみ》の名《な》によって集《あつ》まる人《ひと》に神《かみ》の祝福《しゅくふく》。祝福《しゅくふく》は神《かみ》の家《いえ》からあなたがたの上《うえ》に。

会衆　神《かみ》に感謝《かんしゃ》せよ、神《かみ》はいつくしみ深《ふか》く、そのあわれみは永遠《えいえん》。

先　主《しゅ》はわたしたちを照《て》らしてくださる神《かみ》。枝《えだ》を携《たずさ》えて行列《ぎょうれつ》にはいり、祭壇《さいだん》まで進《すす》もう。
あなたはわたしの神《かみ》、あなたに感謝《かんしゃ》し、あなたをたたえる。

会衆　神《かみ》に感謝《かんしゃ》せよ、神《かみ》はいつくしみ深《ふか》く、そのあわれみは永遠《えいえん》。

または

詩編136　神のいつくしみは永遠（詩編136・1―9、12―14、16、21―26）

先　神《かみ》に感謝《かんしゃ》せよ。神《かみ》はいつくしみ深《ふか》く、そのあわれみは永遠《えいえん》。
神々《かみがみ》をはるかに越《こ》える神《かみ》に感謝《かんしゃ》せよ。神《かみ》のいつくしみは永遠《えいえん》。

会衆　すべてを治《おさ》める主《しゅ》に感謝《かんしゃ》せよ。神《かみ》のいつくしみは永遠《えいえん》。
神《かみ》はただひとり、偉大《いだい》なしるしを行《おこな》われる。神《かみ》のいつくしみは永遠《えいえん》。

先　神《かみ》は英知《えいち》で天《てん》を造《つく》られた。神《かみ》のいつくしみは永遠《えいえん》。
神《かみ》は水《みず》の上《うえ》に陸《りく》をすえられた。神《かみ》のいつくしみは永遠《えいえん》。

会衆　神《かみ》は輝《かがや》く光《ひかり》を造《つく》られた。神《かみ》のいつくしみは永遠《えいえん》。
神《かみ》は昼《ひる》を治《おさ》める太陽《たいよう》を造《つく》られた。神《かみ》のいつくしみは永遠《えいえん》。
神《かみ》は夜《よる》を治《おさ》める月《つき》と星《ほし》を造《つく》られた。神《かみ》のいつくしみは永遠《えいえん》。

先　神《かみ》は力強《ちからづよ》い手《て》をさし伸《の》べて、あしの海《うみ》を二《ふた》つに分《わ》けられた。神《かみ》のいつくしみは永遠《えいえん》。
神《かみ》はイスラエルにその中《なか》を渡《わた》らせた。神《かみ》のいつくしみは永遠《えいえん》。

会衆　神《かみ》は民《たみ》を率《ひき》いて荒《あ》れ野《の》を導《みちび》かれた。神《かみ》のいつくしみは永遠《えいえん》。
会衆　神《かみ》は、かれらの土地《とち》の分《わ》けまえとして、
しもべイスラエルに与《あた》えられた。神《かみ》のいつくしみは永遠《えいえん》。
先　神《かみ》はさげすまれているわたしたちを、心《こころ》に留《と》められた。神《かみ》のいつくしみは永遠《えいえん》。
神《かみ》ははむかう者《もの》からわたしたちを救《すく》われた。神《かみ》のいつくしみは永遠《えいえん》。
神《かみ》はいのちあるすべてのものに食物《しょくもつ》を恵《めぐ》まれる。神《かみ》のいつくしみは永遠《えいえん》。
会衆　すべてを越《こ》える神《かみ》に感謝《かんしゃ》せよ。神《かみ》のいつくしみは永遠《えいえん》。

または

詩編147　造り主である神への賛美（詩編147・1―11）

先　（ハレルヤ。）神《かみ》をたたえ、賛美《さんび》の歌《うた》をうたおう。
会衆　わたしたちの神《かみ》をたたえることは、美《うつく》しく正《ただ》しい。
先　神《かみ》はエルサレムを建《た》て直《なお》し、イスラエルの散《ち》らされた者《もの》を集《あつ》められる。
会衆　失意《しつい》の人々《ひとびと》をささえ、その傷《きず》をいやされる。
先　神《かみ》は星《ほし》の数《かず》を定《さだ》め、そのすべてに名《な》をつけられる。

会衆 わたしたちの主《しゅ》は力《ちから》に満《み》ちて偉大《いだい》。その知恵《ちえ》ははかり知《し》れない。

先 神《かみ》はへりくだる人《ひと》をささえ、逆《さか》らう者《もの》を地《ち》に倒《たお》される。

会衆 感謝《かんしゃ》の歌《うた》を神《かみ》に歌《うた》い、たて琴《ごと》に合《あ》わせてわたしたちの神《かみ》をたたえよ。

先 神《かみ》は雲《くも》で天《てん》をおおい、地《ち》に雨《あめ》を降《ふ》らせ、野山《のやま》には若草《わかくさ》がもえる。

会衆 野《の》のけもの、えさを求《もと》めるからすのひなにも、神《かみ》は食物《しょくもつ》を与《あた》えられる。

先 神《かみ》は軍馬《ぐんば》の力《ちから》を望《のぞ》まず、兵士《へいし》の数《かず》を喜《よろこ》ばれない。

会衆 神《かみ》が喜《よろこ》びとされるのは、神《かみ》をおそれ、そのいつくしみを待《ま》ち望《のぞ》む人《ひと》。

または

詩編150 賛美の合奏（詩編150・1―6）

先 （ハレルヤ。）聖所《せいじょ》におられる神《かみ》をたたえよ。大空《おおぞら》にみなぎる神《かみ》の力《ちから》をたたえよ。

会衆 そのわざは偉大《いだい》。神《かみ》をたたえよ。すべてを越《こ》える神《かみ》をたたえよ。

先 角笛《つのぶえ》を吹《ふ》いて神《かみ》をたたえよ。琴《こと》を弾《ひ》き、竪琴《たてごと》をかなでて神《かみ》をたたえよ。

会衆 鼓《つづみ》と舞《まい》を合《あ》わせて神《かみ》をたたえよ。弦《げん》をかなで、笛《ふえ》を吹《ふ》いて神《かみ》をたたえよ。

先 高鳴《たかな》るシンバルで神《かみ》をたたえよ。鳴《な》り響《ひび》くシンバルで神《かみ》をたたえよ。

会衆　いのちあるすべてのものは神《かみ》をたたえよ。（ハレルヤ。）

135　聖体拝領を行う場合は138に続く。

136　聖体拝領を行わない場合は以下に続く。

137　主の祈り

司会者は手を合わせ、たとえば次のようなことばで主の祈りに招く。

司　主《しゅ》の教《おし》えを守《まも》り、みことばに従《したが》い、つつしんで主《しゅ》の祈《いの》りを唱《とな》えましょう。

または

司　主《しゅ》イエスは、神《かみ》を父《ちち》と呼《よ》ぶよう教《おし》えてくださいました。信頼《しんらい》をもって主《しゅ》の祈《いの》りを唱《とな》えましょう。

一同　天《てん》におられるわたしたちの父《ちち》よ、

み名《な》が聖《せい》とされますように。
み国《くに》が来《き》ますように。
みこころが天《てん》に行《おこな》われるとおり地《ち》にも行《おこな》われますように。
わたしたちの日《ひ》ごとの糧《かて》を今日《きょう》もお与《あた》えください。
わたしたちの罪《つみ》をおゆるしください。わたしたちも人《ひと》をゆるします。
わたしたちを誘惑《ゆうわく》におちいらせず、悪《あく》からお救《すく》いください。

この後、148に続く。

交わりの儀

138 賛美と感謝の祈りが終わると、司会者あるいは他の奉仕者は、祭壇上にコルポラーレを広げる。そして、聖体が保存されている場所に行き、聖体を納めたピクシス（チボリウム）を祭壇上に運び、ふたを取り、手を合わせて深く礼をする。

139

主の祈り

続いて、司会者は席に戻り、たとえば次のようなことばで主の祈りに招く。

司　神《かみ》のことばで養《やしな》われたわたしたちは今《いま》、主《しゅ》の食卓《しょくたく》に招《まね》かれています。主《しゅ》の御《おん》からだをいただく前《まえ》に心《こころ》を合《あ》わせて主《しゅ》の祈《いの》りを唱《とな》えましょう。

一同　天《てん》におられるわたしたちの父《ちち》よ、
み名《な》が聖《せい》とされますように。
み国《くに》が来《き》ますように。
みこころが天《てん》に行《おこな》われるとおり地《ち》にも行《おこな》われますように。
わたしたちの日《ひ》ごとの糧《かて》を今日《きょう》もお与《あた》えください。
わたしたちの罪《つみ》をおゆるしください。わたしたちも人《ひと》をゆるします。
わたしたちを誘惑《ゆうわく》におちいらせず、悪《あく》からお救《すく》いください。

140

平和のあいさつ

適当であれば、司会者はたとえば次のようなことばで招く。

司　互《たが》いに平和《へいわ》のあいさつを交《か》わしましょう。

一同は平和と一致と愛を示すために、手を合わせ、「主の平和」と言って互いに礼をすることができる。他の方法を用いることもできる。

141

拝領

司会者は祭壇に行き、手を合わせて深く礼をしてからホスティアを取り、ピクシス（チボリウム）を添えて示し、会衆に向かってはっきりとした声で唱える。

司　神《かみ》の小羊《こひつじ》の食卓《しょくたく》に招《まね》かれた者《もの》は幸《さいわ》い。

続いて会衆とともに唱える。

一同　主《しゅ》よ、あなたは神《かみ》の子《こ》キリスト、永遠《えいえん》のいのちの糧《かて》。
あなたをおいてだれのところに行《ゆ》きましょう。

142

司会者は少し身をかがめて静かに唱える。

司　**キリストの御《おん》からだが、永遠《えいえん》のいのちの糧《かて》になりますように。**

そしてうやうやしくキリストの御からだを拝領する。

143　司会者（と聖体授与の臨時の奉仕者）はピクシス（チボリウム）を持って拝領者のもとに行く。そして、ホスティアを取って拝領者一人ひとりに示して言う。

司　**キリストの御《おん》からだ。**

拝領者は「アーメン」と答えてキリストの御からだを拝領する。

144　拝領が始まると、拝領の歌を歌うことができる。

145　拝領の後、司会者（と聖体授与の臨時の奉仕者）は祭壇に戻る。ホスティアが残っていれば聖体を保存するために定められた場所に運ぶ。

146　司会者、あるいは他の奉仕者は、交わりの儀で使用した祭器具・布類を片づけて席に戻り、一同は着席してしばらく沈黙のうちに祈る。適当であれば、詩編か他の賛美の歌、もしくは賛歌を歌うことができる。

147
拝領祈願
続いてその日のミサの拝領祈願（112頁以下参照）を唱える。祈願の内容が適当でない場合は、付録にある他の拝領祈願の中から一つを唱える。
一同は起立し、司会者は会衆に向かって立ち、手を合わせて祈りに招く。

司　祈《いの》りましょう。

一同はしばらく沈黙のうちに祈る。
続いて、助祭が司式する場合は手を広げて拝領祈願を唱え、会衆はその結びに「アーメン」と唱える。
信徒が司会する場合は手を合わせたまま唱え、会衆はその結びに「アーメン」と唱える。

閉　祭

148
お知らせ
司会者あるいは他の奉仕者は、小教区あるいは教区の生活や行事に関連のあるお知らせを簡潔に行うことができる。
必要に応じて献金を行う場合、お知らせの中で案内し、退堂時に集めることができる。

149
祝福と派遣
助祭が司式する場合、会衆に向かって手を広げて言う。

助　主《しゅ》は皆《みな》さんとともに。

会衆　また司祭《しさい》とともに。

助祭は会衆を祝福して唱える。状況に応じて荘厳な祝福、あるいは会衆のための祈願を用いることもできる。

助　全能《ぜんのう》の神《かみ》、父《ちち》と子《こ》と聖霊《せいれい》の祝福《しゅくふく》が ✠ 皆《みな》さんの上《うえ》にありますように。

会衆　アーメン。

150 続いて助祭は手を合わせて言う。

助　行《ゆ》きましょう。主《しゅ》の平和《へいわ》のうちに。（アレルヤ。アレルヤ。）

会衆　神《かみ》に感謝《かんしゃ》。（アレルヤ。アレルヤ。）

---

151 信徒が司会する場合、会衆とともに十字架のしるしをしながら言う。

司　✠ 全能《ぜんのう》の神《かみ》がわたしたちを祝福《しゅくふく》し、

すべての悪《あく》から守《まも》り、永遠《えいえん》のいのちに導《みちび》いてくださいますように。

会衆　アーメン。

152　結びにふさわしい聖歌を歌うことができる。

付録

付録一　賛美と感謝の祈り

以下は、『ミサ典礼書』と『教会の祈り』から転載した。
歌う場合は、『典礼聖歌』と『教会の祈り』の旋律を用いる。

一　賛美の歌

1　栄光の賛歌

天《てん》のいと高《たか》きところには神《かみ》に栄光《えいこう》、
地《ち》には善意《ぜんい》の人《ひと》に平和《へいわ》あれ。
われら主《しゅ》をほめ、主《しゅ》をたたえ、
主《しゅ》を拝《おが》み、主《しゅ》をあがめ、
主《しゅ》の大《おお》いなる栄光《えいこう》のゆえに感謝《かんしゃ》し奉《たてまつ》る。
神《かみ》なる主《しゅ》、天《てん》の王《おう》、全能《ぜんのう》の父《ちち》なる神《かみ》よ。
主《しゅ》なる御《おん》ひとり子《ご》、イエス・キリストよ。
神《かみ》なる主《しゅ》、神《かみ》の小羊《こひつじ》、父《ちち》のみ子《こ》よ。
世《よ》の罪《つみ》を除《のぞ》きたもう主《しゅ》よ、
われらをあわれみたまえ。
世《よ》の罪《つみ》を除《のぞ》きたもう主《しゅ》よ、
われらの願《ねが》いを聞《き》き入《い》れたまえ。

父《ちち》の右《みぎ》に座《ざ》したもう主《しゅ》よ、
われらをあわれみたまえ。
主《しゅ》のみ聖《せい》なり、主《しゅ》のみ王《おう》なり、
主《しゅ》のみいと高《たか》し、イエス・キリストよ。
聖霊《せいれい》とともに、父《ちち》なる神《かみ》の栄光《えいこう》のうちに。
アーメン。

2　賛美の賛歌（テ・デウム）

すべてのものの主《しゅ》、神《かみ》よ、
あなたをたたえて歌《うた》う。
永遠《えいえん》の父《ちち》よ、
世界《せかい》はあなたをあがめとうとぶ。
神《かみ》の使《つか》い、力《ちから》あるもの、
ケルビムもセラフィムも
絶《た》えることなく
高《たか》らかに賛美《さんび》の声《こえ》をあげる。
聖《せい》なる主《しゅ》、聖《せい》なる主《しゅ》、
すべてを治《おさ》める神《かみ》、
あなたの栄光《えいこう》は
天地《てんち》をおおう。

ともに声《こえ》を合《あ》わせ、
あなたをほめ歌《うた》う
救《すく》いを告《つ》げた預言者《よげんしゃ》の群《む》れ、
けだかい使徒《しと》と殉教者《じゅんきょうしゃ》。
世界《せかい》に広《ひろ》がる教会《きょうかい》も
あなたをたたえる。
偉大《いだい》な父《ちち》、まことのひとり子《ご》、

あかしの力《ちから》・聖霊《せいれい》を。

栄光《えいこう》に輝《かがや》く王《おう》、
勝利《しょうり》のキリストよ、
とこしえにあなたは
父《ちち》のひとり子《ご》。

すべての人《ひと》の救《すく》いのために、
おとめから生《う》まれ、
死《し》に打《う》ち勝《か》ち、
信《しん》じる者《もの》に神《かみ》の国《くに》を開《ひら》かれた。

父《ちち》の右《みぎ》に座《ざ》し、
すべてを裁《さば》くために、
栄光《えいこう》のうちに
再《ふたた》び来《こ》られる。

とうとい血《ち》にあがなわれた
わたしたちを支《ささ》えてください。
諸聖人《しょせいじん》とともに
とわのいのちを喜《よろこ》ぶことができるように。

神《かみ》よ、あなたの民《たみ》を救《すく》い、
従《したが》う者《もの》を祝福《しゅくふく》し、
いつまでも
高《たか》め、導《みちび》いてください。

日《ひ》ごとに感謝《かんしゃ》をささげ、
世々《よよ》にあなたの名《な》をほめたたえる。
わたしたちを今日《きょう》も、
罪《つみ》からお守《まも》りください。
神《かみ》よ、豊《ゆた》かなあわれみをわたしたちに。

あなたに寄《よ》り頼《たの》むわたしたちに。
あなたにかけたわたしの希望《きぼう》は
とこしえに揺《ゆ》るがない。

二　聖書の歌

1　旧約の歌（歴代誌上29・10―13）

栄光と力は神のもの

神《かみ》よ、わたしたちの先祖《せんぞ》イスラエルの神《かみ》よ、
あなたは代々《よよ》にたたえられる。
神《かみ》よ、あなたは偉大《いだい》、
力《ちから》と輝《かがや》き、栄光《えいこう》と威光《いこう》はあなたのもの。
天《てん》にあるもの、地《ち》にあるものは、
みな、あなたのもの。
国《くに》はあなたのもの、
　あなたはすべての上《うえ》に立《た》つかた。
富《とみ》と誉《ほま》れはあなたから、
あなたはすべてのものを支配《しはい》される。
あなたの手《て》には力《ちから》と権能《けんのう》、
すべてをその手《て》で高《たか》め、強《つよ》められる。
わたしたちの神《かみ》よ、今《いま》、あなたに感謝《かんしゃ》し、
あなたのとうとい名《な》をほめたたえる。

2　旧約の歌（ユディト16・2―3、13―15）

新しい歌を造り主に

鼓《つづみ》をもって神《かみ》をたたえよ。
シンバルを取《と》って神《かみ》をたたえて歌《うた》え。
神《かみ》に新《あたら》しい歌《うた》を奏《かな》でて、神《かみ》をあがめ、

その名《な》をほめ歌《うた》え。
神《かみ》はいくさに勝利《しょうり》を収《おさ》め、
その民《たみ》の中《なか》に陣《じん》を敷《し》かれる。

新《あたら》しい歌《うた》を神《かみ》に歌《うた》おう。
神《かみ》よ、あなたは偉大《いだい》、
　栄光《えいこう》に満《み》ちておられる。
あなたの偉大《いだい》な力《ちから》に逆《さか》らえるものはない。
造《つく》られたものがすべて、
　あなたに仕《つか》えることができるように。
あなたのことばですべては生《う》まれ、
　あなたのいぶきで生《い》かされる。
あなたの声《こえ》に逆《さか》らえるものはない。
山々《やまやま》が海《うみ》とともにそのふもとから揺《ゆ》れ動《うご》き、
岩《いわ》があなたの前《まえ》でろうのように溶《と》けても、
あなたはおそれ敬《うやま》う者《もの》に、
いつもいつくしみを注《そそ》がれる。

3　旧約の歌（ダニエル3・52―57）

すべてのものは神をたたえる

わたしたちの先祖《せんぞ》の神《かみ》である主《しゅ》よ、
　あなたに賛美《さんび》、
あなたは代々《よよ》にたたえられ、あがめられる。
あなたの栄光《えいこう》の聖《せい》なる名《な》に賛美《さんび》、
その名《な》は代々《よよ》にたたえられ、あがめられる。
あなたの栄光《えいこう》、
　聖《せい》なる神殿《しんでん》の中《なか》であなたに賛美《さんび》、
すべてにまさりあなたは代々《よよ》にたたえられ、
　あがめられる。

玉座《ぎょくざ》におられるあなたに賛美《さんび》、
すべてにまさりあなたは代々《よよ》にたたえられ、
　あがめられる。

ケルビムの上《うえ》に座《ざ》し、
　すべての深《ふか》みを見通《みとお》されるあなたに賛美《さんび》。
あなたは代々《よよ》にたたえられあがめられる。
大空《おおぞら》の中《なか》であなたに賛美《さんび》、
あなたは代々《よよ》にたたえられあがめられる。
造《つく》られたものはみな神《かみ》を賛美《さんび》し、
代々《よよ》に神《かみ》をほめたたえよ。

4　旧約の歌（ダニエル3・57—88、56）

すべてのものは神をたたえる

造《つく》られたものはみな神《かみ》を賛美《さんび》し、
代々《よよ》に神《かみ》をほめたたえよ。
天《てん》のすべてのものは神《かみ》を賛美《さんび》し、
神《かみ》の使《つか》いは神《かみ》をたたえよ。

空《そら》の上《うえ》の水《みず》はみな神《かみ》を賛美《さんび》し、
天《てん》のすべての力《ちから》は神《かみ》をたたえよ。
太陽《たいよう》と月《つき》は神《かみ》を賛美《さんび》し、
空《そら》の星《ほし》は神《かみ》をたたえよ。

雨《あめ》と露《つゆ》は神《かみ》を賛美《さんび》し、
すべての風《かぜ》は神《かみ》をたたえよ。
火《ひ》と暑《あつ》さは神《かみ》を賛美《さんび》し、
冬《ふゆ》の厳《きび》しさも神《かみ》をたたえよ。

かすみと霧《きり》は神《かみ》を賛美《さんび》し、
霜《しも》と寒《さむ》さも神《かみ》をたたえよ。←

氷《こおり》と雪《ゆき》は神《かみ》を賛美《さんび》し、
夜《よる》も昼《ひる》も神《かみ》をたたえよ。

光《ひかり》とやみは神《かみ》を賛美《さんび》し、
稲妻《いなずま》と雲《くも》は神《かみ》をたたえよ。
大地《だいち》は神《かみ》を賛美《さんび》し、
代々《よよ》に神《かみ》をほめたたえよ。

山《やま》と丘《おか》は神《かみ》を賛美《さんび》し、
地《ち》に生《は》える草木《くさき》は神《かみ》をたたえよ。
泉《いずみ》の水《みず》は神《かみ》を賛美《さんび》し、
海《うみ》も川《かわ》も神《かみ》をたたえよ。

海《うみ》の獣《けもの》、水《みず》に住《す》む生《い》き物《もの》は神《かみ》を賛美《さんび》し、
空《そら》の鳥《とり》は神《かみ》をたたえよ。
野《の》の獣《けもの》と家畜《かちく》は神《かみ》を賛美《さんび》し、
すべての人《ひと》は神《かみ》をたたえよ。

イスラエルは神《かみ》を賛美《さんび》し、
代々《よよ》に神《かみ》をほめたたえよ。
神《かみ》の祭司《さいし》は神《かみ》を賛美《さんび》し、
神《かみ》のしもべは神《かみ》をたたえよ。

神《かみ》に従《したが》う人《ひと》は神《かみ》を賛美《さんび》し、
神《かみ》を敬《うやま》い、へりくだる人《ひと》は神《かみ》をたたえよ。
アナニア、アサリア、ミサエルは神《かみ》を賛美《さんび》し、
代々《よよ》に神《かみ》をほめたたえよ。

賛美《さんび》は父《ちち》と子《こ》と聖霊《せいれい》に、
代々《よよ》に神《かみ》をほめたたえよう。
神《かみ》よ、高《たか》い大空《おおぞら》の中《なか》であなたは賛美《さんび》され、
すべてにまさり、代々《よよ》にほめたたえられる。

5　新約の歌（エフェソ1・3―10）

キリストによる救いの恵み

わたしたちの主《しゅ》イエス・キリストの
父《ちち》である神《かみ》をほめたたえよう。
神《かみ》は、キリストによってわたしたちを
天《てん》にあるすべての祝福《しゅくふく》で
　満《み》たしてくださった。
天地《てんち》の造《つく》られる前《まえ》から
　キリストのうちにわたしたちを選《えら》び、
神《かみ》の前《まえ》に
　清《きよ》く汚《けが》れのないものとしてくださった。
わたしたちをイエス・キリストによって
　ご自分《じぶん》の子《こ》にしようと、
神《かみ》は愛《あい》のうちに初《はじ》めから定《さだ》めておられた。

ひとり子《ご》によってわたしたちに恵《めぐ》みを与《あた》え、
わたしたちはその恵《めぐ》みをたたえる。
わたしたちは
　ひとり子《ご》の血《ち》によってあがなわれ、
神《かみ》の豊《ゆた》かな恵《めぐ》みによって
　罪《つみ》のゆるしを受《う》けた。
神《かみ》は恵《めぐ》みをわたしたちの上《うえ》にあふれさせ、
英知《えいち》をもって
　み旨《むね》の神秘《しんぴ》を示《しめ》してくださった。
時《とき》が満《み》ちればこのみ旨《むね》は実現《じつげん》され、
天《てん》と地《ち》にあるすべてのものが
　キリストのうちに集《あつ》められる。

6　新約の歌（黙示録11・17—18、12・10b—12a）

世界はすべて神のもの

昔《むかし》も今《いま》も変《か》わることのない主《しゅ》、全能《ぜんのう》の神《かみ》よ、
偉大《いだい》な力《ちから》で万物《ばんぶつ》を支配《しはい》するあなたに、
　わたしたちは感謝《かんしゃ》する。
諸国《しょこく》の民《たみ》の反逆《はんぎゃく》に、
　あなたは聖《せい》なる怒《いか》りを現《あらわ》された。
今《いま》は死者《ししゃ》の裁《さば》かれる時《とき》。

あなたのしもべ、預言者《よげんしゃ》と聖《せい》なる民《たみ》、
あなたの名《な》をおそれるすべての人《ひと》に、
今《いま》は報《むく》いが与《あた》えられる時《とき》、
地《ち》を滅《ほろ》ぼす者《もの》が滅《ほろ》ぼされる時《とき》。
今《いま》こそ神《かみ》の救《すく》いと力《ちから》と支配《しはい》が現《あらわ》され、
神《かみ》のキリストの権威《けんい》が示《しめ》された。

わたしたちの兄弟《きょうだい》を訴《うった》えていた者《もの》、
神《かみ》の前《まえ》に、
　日夜訴《にちやうった》えていた者《もの》は投《な》げ落《お》とされた。
小羊《こひつじ》の血《ち》と、あかしのことばによって、
わたしたちの兄弟《きょうだい》は彼《かれ》らに打《う》ち勝《か》ち、
死《し》に至《いた》るまでいのちを惜《お》しまなかった。
宇宙《うちゅう》とその中《なか》に住《す》む者《もの》は、みな喜《よろこ》び歌《うた》え。

7　新約の歌（黙示録15・3—4）

礼拝の歌

万物《ばんぶつ》の主《しゅ》、支配者《しはいしゃ》である神《かみ》よ、
あなたは偉大《いだい》、そのわざは不思議《ふしぎ》。
諸国《しょこく》の民《たみ》の王《おう》である主《しゅ》よ、
あなたは正《ただ》しく、その道《みち》はまこと。

ただひとり、あなたは聖《せい》なるかた、
すべての人《ひと》はあなたをおそれ、
その名《な》をたたえる。
あなたの正《ただ》しい裁《さば》きは明《あき》らかにされ、
すべての国《くに》の民《たみ》が来《き》て、
あなたの前《まえ》にひれ伏《ふ》す。

8 新約の歌（黙示録19・1b、2a、4b、5b、6b、7）

小羊の婚宴

勝利《しょうり》と栄光《えいこう》と力《ちから》はわたしたちの神《かみ》のもの、
神《かみ》の裁《さば》きは真実《しんじつ》で正《ただ》しい。
神《かみ》のすべてのしもべよ、
わたしたちの神《かみ》を賛美《さんび》せよ。
神《かみ》をおそれ敬《うやま》う者《もの》はみな、神《かみ》を賛美《さんび》せよ。

主《しゅ》は万物《ばんぶつ》を支配《しはい》され、
わたしたちの神《かみ》である主《しゅ》は王《おう》となられた。
わたしたちは喜《よろこ》び楽《たの》しみ、
神《かみ》をほめたたえよう。
小羊《こひつじ》の婚宴《こんえん》の時《とき》が来《き》て、
花嫁《はなよめ》の支度《したく》はできた。

付録二　主日・祭日・主の祝祭日のミサの集会祈願と拝領祈願

以下は、『ミサ典礼書』から転載した。

待降節第一主日

集会祈願

全能《ぜんのう》の、神《かみ》である父《ちち》よ、救《すく》い主《ぬし》を待《ま》ち望《のぞ》む心《こころ》を呼《よ》びさましてください。わたしたちがキリストを日々《ひび》の生活《せいかつ》のうちに迎《むか》え、キリストと結《むす》ばれて、永遠《えいえん》の国《くに》を受《う》け継《つ》ぐことができますように。わたしたちの主《しゅ》イエス・キリストによって。アーメン。

拝領祈願

恵《めぐ》み豊《ゆた》かな神《かみ》よ、いのちの糧《かて》を受《う》けたわたしたちを強《つよ》めてください。地上《ちじょう》を旅《たび》する教会《きょうかい》が、いつも変《か》わらぬものを求《もと》めて生《い》きることができますように。わたしたちの主《しゅ》イエス・キリストによって。アーメン。

待降節第二主日

集会祈願

恵《めぐ》み豊《ゆた》かな神《かみ》よ、御子《おんこ》を迎《むか》えに急《いそ》ぐわたしたちが、あなたの力《ちから》に強《つよ》められて罪《つみ》の妨《さまた》げに打《う》ち勝《か》ち、キリストに結《むす》ばれることができますように。わたしたちの主《しゅ》イエス・キリストによって。アーメン。

拝領祈願

いのちの源《みなもと》である神《かみ》よ、恵《めぐ》みのパンに養《やしな》われて祈《いの》ります。秘跡《ひせき》に強《つよ》められたわたしたちが、過《す》ぎ行《ゆ》くものを正《ただ》しく理解《りかい》し、あなたの変《か》わらぬいつくしみをたたえることができますように。わたしたちの主《しゅ》イエス・キリストによって。アーメン。

待降節第三主日

集会祈願

喜《よろこ》びの源《みなもと》である父《ちち》よ、御子《おんこ》キリストの誕生《たんじょう》を心《こころ》から待《ま》ち望《のぞ》むわたしたちを顧《かえり》みてください。喜《よろこ》びのうちに降誕祭《こうたんさい》を迎《むか》え、この救《すく》いの神秘《しんぴ》を祝《いわ》うことができますように。わたしたちの主《しゅ》イエス・キリストによって。アーメン。

拝領祈願

いつくしみ深《ふか》い神《かみ》よ、主《しゅ》と食卓《しょくたく》をともにし

たわたしたちが、その恵《めぐ》みに支《ささ》えられて悪《わる》い習慣《しゅうかん》を改《あらた》め、降誕祭《こうたんさい》にふさわしい準備《じゅんび》をすることができますように。わたしたちの主《しゅ》イエス・キリストによって。アーメン。

待降節第四主日

集会祈願

恵《めぐ》み豊《ゆた》かな父《ちち》よ、わたしたちの心《こころ》にいつくしみを注《そそ》いでください。みことばが人《ひと》となられたことを信仰《しんこう》によって知《し》ったわたしたちが、御子《おんこ》の苦《くる》しみと死《し》を通《とお》して復活《ふっかつ》の栄《えい》光《こう》にあずかることができますように。わたしたちの主《しゅ》イエス・キリストによって。アーメン。

拝領祈願

全能《ぜんのう》の神《かみ》よ、秘跡《ひせき》によって救《すく》いの希望《きぼう》を新《あら》たにしたわたしたちが、日々《ひび》信仰《しんこう》と愛《あい》を深《ふか》め、降誕祭《こうたんさい》をふさわしく祝《いわ》うことができますように。わたしたちの主《しゅ》イエス・キリストによって。アーメン。

主の降誕　日中のミサ

集会祈願

永遠《えいえん》の父《ちち》よ、あなたは、人間《にんげん》を優《すぐ》れたものとして造《つく》り、救《すく》いのわざを通《とお》して、さらに優《すぐ》れたものにしてくださいました。神《かみ》のひとり子《ご》が人《ひと》となられたことによって、わたしたちに神《かみ》のいのちが与《あた》えられますように。

わたしたちの主《しゅ》イエス・キリストによって。アーメン。

拝領祈願

いつくしみ深《ふか》い父《ちち》よ、秘跡《ひせき》に強《つよ》められたわたしたちの祈《いの》りを聞《き》き入《い》れてください。きょう世《よ》にお生《う》まれになった救《すく》い主《ぬし》が、わたしたちを神《かみ》の子《こ》どもとし、不滅《ふめつ》のいのちにあずからせてくださいますように。わたしたちの主《しゅ》イエス・キリストによって。アーメン。

聖家族

集会祈願

恵《めぐ》み豊《ゆた》かな父《ちち》よ、あなたは、聖家族《せいかぞく》を模範《もはん》として与《あた》えてくださいました。わたしたちが聖家族《せいかぞく》にならい、愛《あい》のきずなに結《むす》ばれて、あなたの家《いえ》の永遠《えいえん》の喜《よろこ》びにあずかることができますように。わたしたちの主《しゅ》イエス・キリストによって。アーメン。

拝領祈願

いつくしみ深《ふか》い父《ちち》よ、とうとい秘跡《ひせき》で養《やしな》われたわたしたちを強《つよ》めてください。いつも聖家族《せいかぞく》の模範《もはん》にならい、生活《せいかつ》の労苦《ろうく》を乗《の》り越《こ》えて、ともに永遠《えいえん》の喜《よろこ》びに入《はい》ることができますように。わたしたちの主《しゅ》イエス・キリストによって。アーメン。

一月一日　神の母聖マリア

集会祈願

いのちの源《みなもと》である神《かみ》よ、あなたはおとめマリアを御子《おんこ》の母《はは》として選《えら》び、救《すく》い主《ぬし》を人類《じんるい》に与《あた》えてくださいました。聖母《せいぼ》を通《とお》して御《おん》子《こ》キリストを迎《むか》えるわたしたちに、救《すく》いの喜《よろこ》びを味《あじ》わわせてください。わたしたちの主《しゅ》イエス・キリストによって。アーメン。

拝領祈願

信《しん》じる者《もの》の喜《よろこ》びである父《ちち》よ、主《しゅ》の食卓《しょくたく》にあずかって祈《いの》ります。おとめマリアを御子《おんこ》の母《はは》、教会《きょうかい》の母《はは》として仰《あお》ぐわたしたちが、永《えい》遠《えん》のいのちをともに受《う》けることができますように。わたしたちの主《しゅ》イエス・キリストによって。アーメン。

主の公現

集会祈願

すべての民《たみ》の光《ひかり》である父《ちち》よ、あなたはこの日《ひ》、星《ほし》の導《みちび》きによって御《おん》ひとり子《ご》を諸国《しょこく》の民《たみ》に示《しめ》されました。信仰《しんこう》の光《ひかり》によって歩《あゆ》むわたしたちを、あなたの顔《かお》を仰《あお》ぎ見《み》る日《ひ》まで導《みちび》いてください。わたしたちの主《しゅ》イエス・キリストによって。アーメン。

拝領祈願

すべての人《ひと》の父《ちち》である神《かみ》よ、いつもあなたの光《ひかり》でわたしたちを導《みちび》いてください。救《すく》いの神秘《しんぴ》にあずかったわたしたちが、日々《ひび》、信仰《しんこう》と愛《あい》に進《すす》むことができますように。わたしたちの主《しゅ》イエス・キリストによって。

アーメン。

主の洗礼

集会祈願

全能永遠《ぜんのうえいえん》の神《かみ》よ、ヨルダン川《がわ》で洗礼《せんれい》を受《う》けられたイエスにあなたは聖霊《せいれい》を注《そそ》ぎ、愛《あい》する子《こ》であることを示《しめ》してくださいました。洗礼《せんれい》によって新《あら》たに生《う》まれ、あなたの子《こ》どもとされたわたしたちが、いつもみ心に従《したが》うことができますように。わたしたちの主《しゅ》イエス・キリストによって。アーメン。

拝領祈願

神《かみ》よ、いのちの糧《かて》に養《やしな》われて心《こころ》からの祈《いの》りをささげます。わたしたちが御《おん》ひとり子《ご》に聞《き》き従《したが》い、あなたの子《こ》どもとなることができますように。わたしたちの主《しゅ》イエス・キリストによって。アーメン。

四旬節第一主日

集会祈願

全能《ぜんのう》の神《かみ》よ、年《とし》ごとに行《おこな》われる四旬節《しじゅんせつ》の典《てん》礼《れい》を通《とお》して、わたしたちに、キリストの死《し》と復活《ふっかつ》の神秘《しんぴ》を深《ふか》く悟《さと》らせてください。日々《ひび》、キリストのいのちに生《い》きることができますように。わたしたちの主《しゅ》イエス・キリストによって。アーメン。

拝領祈願

いつくしみ深《ふか》い父《ちち》よ、いのちの糧《かて》によって信仰《しんこう》は養《やしな》われ、希望《きぼう》は高《たか》められ、愛《あい》は強《つよ》められます。わたしたちがキリストに飢《う》え渇《かわ》き、神《かみ》のことばによって生《い》きる者《もの》となりますように。わたしたちの主《しゅ》イエス・キリストによって。アーメン。

四旬節第二主日

集会祈願

聖《せい》なる父《ちち》よ、あなたは「愛《あい》する子《こ》に聞《き》け」とお命《めい》じになりました。みことばによってわたしたちを養《やしな》ってください。信仰《しんこう》の目《め》が清《きよ》められてあなたの顔《かお》を仰《あお》ぎ見《み》ることができますように。わたしたちの主《しゅ》イエス・キリストによって。アーメン。

拝領祈願

父《ちち》である神《かみ》よ、この世《よ》を旅《たび》するわたしたちに、あなたは永遠《えいえん》のいのちの恵《めぐ》みを与《あた》えてくださいました。このとうとい神秘《しんぴ》にあずかって、心《こころ》からの感謝《かんしゃ》をささげます。わたしたちの主《しゅ》イエス・キリストによって。アーメン。

四旬節第三主日

集会祈願

信《しん》じる者《もの》の力《ちから》である神《かみ》よ、あなたは、祈《いの》り、節制《せっせい》、愛《あい》のわざによって、わたしたちが罪《つみ》に打《う》ち勝《か》つことをお望《のぞ》みになります。弱《よわ》さのために倒《たお》れて力《ちから》を落《お》とすわたしたちを、いつもあわれみをもって助《たす》け起《お》こしてください。わたしたちの主《しゅ》イエス・キリストによって。アーメン。

拝領祈願

神《かみ》よ、あなたは、天《てん》からのパンを受《う》ける者《もの》にまことのいのちを約束《やくそく》してくださいます。今《いま》、キリストのとうといからだに養《やしな》われたわたしたちが、神《かみ》の子《こ》どもとして成長《せいちょう》することができますように。わたしたちの主《しゅ》イエス・キリストによって。アーメン。

四旬節第四主日

集会祈願

聖《せい》なる父《ちち》よ、あなたは御子《おんこ》の苦《くる》しみと死《し》によって、ゆるしの恵《めぐ》みをもたらしてくださいました。キリストを信《しん》じる人々《ひとびと》が、信仰《しんこう》と愛《あい》に満《み》たされ、主《しゅ》の過越《すぎこし》を迎《むか》えることができますように。わたしたちの主《しゅ》イエス・キリストによって。アーメン。

拝領祈願

すべての人《ひと》の光《ひかり》である神《かみ》よ、栄光《えいこう》の輝《かがや》きでわたしたちの心《こころ》を照《て》らしてください。いつもみ旨《むね》にかなう道《みち》を求《もと》め、心《こころ》を尽《つ》くしてあなたに仕《つか》えることができますように。わたしたちの主《しゅ》イエス・キリストによって。アーメン。

四旬節第五主日

集会祈願

全能《ぜんのう》の、神《かみ》である父《ちち》よ、御子《おんこ》キリストは、人々《ひとびと》を愛《あい》してみずからを死《し》に渡《わた》されました。わたしたちも、この愛《あい》のうちに力強《ちからづよ》く歩《あゆ》むことができますように。わたしたちの主《しゅ》イエス・キリストによって。アーメン。

拝領祈願

救《すく》いの源《みなもと》である神《かみ》よ、キリストのとうとい

からだと血《ち》に養《やしな》われたわたしたちが一《ひと》つに結《むす》ばれ、その交《まじ》わりの中《なか》で成長《せいちょう》することができますように。わたしたちの主《しゅ》イエス・キリストによって。アーメン。

受難の主日（枝の主日）

集会祈願

全能永遠《ぜんのうえいえん》の神《かみ》よ、あなたは人類《じんるい》にへりくだりを教《おし》えるために、救《すく》い主《ぬし》が人《ひと》となり、十字架《じゅうじか》をになうようにお定《さだ》めになりました。わたしたちが、主《しゅ》とともに苦《くる》しみを耐《た》えることによって、復活《ふっかつ》の喜《よろこ》びをともにすることができますように。わたしたちの主《しゅ》イエス・キリストによって。アーメン。

拝領祈願

いのちの糧《かて》でわたしたちを強《つよ》めてくださった神《かみ》よ、あなたは、ひとり子《ご》の死《し》によって、信《しん》じる者《もの》に希望《きぼう》を与《あた》えてくださいました。御子《おんこ》の復活《ふっかつ》によってわたしたちが、望《のぞ》みの地《ち》に達《たっ》することができますように。わたしたちの主《しゅ》イエス・キリストによって。アーメン。

復活の主日　日中のミサ

集会祈願

全能《ぜんのう》の神《かみ》よ、あなたは、きょう御《おん》ひとり子《ご》によって死《し》を打《う》ち砕《くだ》き、永遠《えいえん》のいのちの門《もん》を開《ひら》いてくださいました。主《しゅ》イエスの復活《ふっかつ》を記念《きねん》し、この神秘《しんぴ》にあずかるわたしたちを、あなたの霊《れい》によって新《あら》たにし、永遠《えいえん》のいのちに復活《ふっかつ》させてください。わたしたちの主《しゅ》イエス・キリストによって。アーメン。

拝領祈願

恵《めぐ》み豊《ゆた》かな神《かみ》よ、あなたの教会《きょうかい》をいつもお守《まも》りください。教会《きょうかい》が、御子《おんこ》キリストの死《し》と復活《ふっかつ》の神秘《しんぴ》によって新《あら》たにされ、復活《ふっかつ》の栄光《えいこう》に達《たっ》することができますように。わたしたちの主《しゅ》イエス・キリストによって。アーメン。

復活節第二主日（神のいつくしみの主日）

集会祈願

あわれみ深《ふか》い神《かみ》よ、あなたは、キリストのとうとい血《ち》によってわたしたちをあがない、水《みず》と聖霊《せいれい》によって新《あたら》しいいのちを与《あた》えてくださいます。年《とし》ごとに主《しゅ》の復活《ふっかつ》を祝《いわ》うわたしたちが洗礼《せんれい》の恵《めぐ》みを深《ふか》く悟《さと》り、信仰《しんこう》に生《い》きることができますように。わたしたちの主《しゅ》イエス・キリストによって。アーメン。

拝領祈願

全能《ぜんのう》の神《かみ》よ、主《しゅ》の死《し》と復活《ふっかつ》を記念《きねん》する秘跡《ひせき》にあずかったわたしたちが、いつもその恵《めぐ》みによって生《い》きることができますように。わたしたちの主《しゅ》イエス・キリストによって。アーメン。

復活節第三主日

集会祈願

すべてを導《みちび》かれる神《かみ》よ、教会《きょうかい》は新《あたら》しい民《たみ》を迎《むか》えて若返《わかがえ》り、喜《よろこ》びに満《み》たされています。あなたの子《こ》どもとなる恵《めぐ》みを受《う》けたわたしたちが、感謝《かんしゃ》のうちに救《すく》いの完成《かんせい》を待《ま》ち望《のぞ》むことができますように。わたしたちの主《しゅ》イエス・キリストによって。アーメン。

拝領祈願

すべての人《ひと》の父《ちち》である神《かみ》よ、過越《すぎこし》の神秘《しんぴ》によって新《あら》たにされた人々《ひとびと》が、不滅《ふめつ》のからだに復活《ふっかつ》し、あなたの栄光《えいこう》をたたえることができますように。わたしたちの主《しゅ》イエス・キリストによって。アーメン。

復活節第四主日

集会祈願

全能永遠《ぜんのうえいえん》の神《かみ》よ、よい牧者《ぼくしゃ》キリストは、わたしたちのためにいのちをささげてくださいました。キリストの声《こえ》に従《したが》うわたしたちがあなたの国《くに》に導《みちび》かれ、聖人《せいじん》とともに喜《よろこ》びを分《わ》かつことができますように。わたしたちの主《しゅ》イエス・キリストによって。アーメン。

拝領祈願

すべてを治《おさ》められる父《ちち》よ、あなたの民《たみ》を牧《ぼく》し、養《やしな》ってください。御《おん》ひとり子《ご》の血《ち》によってあがなわれたわたしたちが、永遠《えいえん》の牧《まき》場《ば》に入《はい》ることができますように。わたしたちの主《しゅ》イエス・キリストによって。アーメン。

復活節第五主日

集会祈願

聖《せい》なる父《ちち》よ、あなたは、キリストによってわたしたちをあがない、神《かみ》の子《こ》どもとしてくださいます。あなたの愛《あい》を受《う》けた民《たみ》を顧《かえり》み、御子《おんこ》を信《しん》じる人々《ひとびと》に、まことの自由《じゆう》と永遠《えいえん》の喜《よろこ》びをお与《あた》えください。わたしたちの主《しゅ》イエス・キリストによって。アーメン。

拝領祈願

いつくしみ深《ふか》い父《ちち》よ、あなたの民《たみ》の力《ちから》となってください。主《しゅ》の食卓《しょくたく》で養《やしな》われたわたしたちが、古《ふる》い人《ひと》を脱《ぬ》ぎ捨《す》て、新《あたら》しいいのちに生《い》きることができますように。わたしたちの主《しゅ》イエス・キリストによって。アーメン。

復活節第六主日

集会祈願

全能《ぜんのう》の、神《かみ》である父《ちち》よ、復活《ふっかつ》された主《しゅ》イエスの記念《きねん》を真心《まごころ》こめて祝《いわ》います。この喜《よろこ》びを、わたしたちが日々《ひび》の生活《せいかつ》の中《なか》に保《たも》つことができますように。わたしたちの主《しゅ》イエス・キリストによって。アーメン。

拝領祈願

全能永遠《ぜんのうえいえん》の神《かみ》よ、あなたは御子《おんこ》キリストの復活《ふっかつ》によって、わたしたちに永遠《えいえん》のいのちを与《あた》えてくださいます。この秘跡《ひせき》の恵《めぐ》みを豊《ゆた》かに注《そそ》ぎ、救《すく》いの糧《かて》で強《つよ》めてください。わたしたちの主《しゅ》イエス・キリストによって。アーメン。

主の昇天

集会祈願

全能《ぜんのう》の神《かみ》よ、あなたは御《おん》ひとり子《ご》イエスを、苦《くる》しみと死《し》を通《とお》して栄光《えいこう》に高《たか》め、新《あたら》しい天《てん》と地《ち》を開《ひら》いてくださいました。主《しゅ》の昇天《しょうてん》に、わたしたちの未来《みらい》の姿《すがた》が示《しめ》されています。キリストに結《むす》ばれるわたしたちをあなたのもとに導《みちび》き、ともに永遠《えいえん》のいのちに入《はい》らせてください。わたしたちの主《しゅ》イエス・キリストによって。アーメン。

拝領祈願

全能永遠《ぜんのうえいえん》の神《かみ》よ、地上《ちじょう》を旅《たび》するわたしたちは、今《いま》、いのちの糧《かて》に強《つよ》められて祈《いの》ります。天《てん》に上《あ》げられたキリストに結《むす》ばれて、いつも永遠《えいえん》の国《くに》を目指《めざ》すことができますように。わたしたちの主《しゅ》イエス・キリストによって。アーメン。

聖霊降臨

集会祈願

すべての人《ひと》の父《ちち》である神《かみ》よ、きょう祝《いわ》う聖《せい》霊降臨《れいこうりん》の神秘《しんぴ》によって、あなたは諸国《しょこく》の民《たみ》を一《ひと》つの聖《せい》なる教会《きょうかい》に集《あつ》めてくださいます。聖霊《せいれい》を世界《せかい》にあまねく注《そそ》いでください。教会《きょうかい》の誕生《たんじょう》に当《あ》たって行《おこな》われた宣教《せんきょう》の働《はたら》きが、今《いま》も信《しん》じる民《たみ》を通《とお》して続《つづ》けられ、豊《ゆた》かな実《みの》りをもたらしますように。わたしたちの主《しゅ》イエス・キリストによって。アーメン。

拝領祈願

いつくしみ深《ふか》い父《ちち》よ、あなたの民《たみ》を恵《めぐ》みのうちに守《まも》ってください。いのちの糧《かて》に養《やしな》われたわたしたちが、聖霊《せいれい》のたまものに支《ささ》えられて、救《すく》いの道《みち》を力強《ちからづよ》く歩《あゆ》むことができますように。わたしたちの主《しゅ》イエス・キリストによって。アーメン。

三位一体

集会祈願

聖《せい》なる父《ちち》よ、あなたは、みことばと聖霊《せいれい》を世《よ》に遣《つか》わし、神《かみ》のいのちの神秘《しんぴ》を示《しめ》してくださいました。唯一《ゆいいつ》の神《かみ》を礼拝《れいはい》するわたしたちが、三位《さんみ》の栄光《えいこう》をたたえることができますように。わたしたちの主《しゅ》イエス・キリストによって。アーメン。

拝領祈願

いつくしみ深《ふか》い神《かみ》よ、とうとい秘跡《ひせき》にあずかったわたしたちが、心《こころ》もからだも強《つよ》められ、唯一《ゆいいつ》の神《かみ》、父《ちち》と子《こ》と聖霊《せいれい》の栄光《えいこう》をたたえることができますように。わたしたちの主《しゅ》イエス・キリストによって。アーメン。

キリストの聖体

集会祈願

恵《めぐ》み豊《ゆた》かな父《ちち》よ、御子《おんこ》キリストは、その死《し》を記念《きねん》するとうとい秘跡《ひせき》を教会《きょうかい》に残《のこ》してくださいました。主《しゅ》のからだを受《う》け、救《すく》いの力《ちから》にあずかるわたしたちが、主《しゅ》の死《し》を告《つ》げ知《し》らせることができますように。わたしたちの主《しゅ》イエス・キリストによって。アーメン。

拝領祈願

信《しん》じる者《もの》の力《ちから》である神《かみ》よ、御子《おんこ》キリストの

とうといからだと血《ち》をいただいたわたしたちを、約束《やくそく》された永遠《えいえん》のいのちにあずからせてください。わたしたちの主《しゅ》イエス・キリストによって。アーメン。

年間第二主日

集会祈願

天地万物《てんちばんぶつ》を治《おさ》められる神《かみ》よ、あなたの民《たみ》の祈《いの》りをいつくしみをもって聞《き》き入《い》れ、世界《せかい》に平和《へいわ》への道《みち》を示《しめ》してください。わたしたちの主《しゅ》イエス・キリストによって。アーメン。

拝領祈願

いのちの源《みなもと》である神《かみ》よ、愛《あい》の霊《れい》をわたしたちの心《こころ》に注《そそ》いでください。同《おな》じ一《ひと》つのパンで養《やしな》われたわたしたちが、一《ひと》つの信仰《しんこう》と愛《あい》に結《むす》ばれて生《い》きることができますように。わたしたちの主《しゅ》イエス・キリストによって。アーメン。

年間第三主日

集会祈願

全能永遠《ぜんのうえいえん》の、神《かみ》である父《ちち》よ、わたしたちの行《おこな》いがいつもみ旨《むね》にかなうよう導《みちび》いてください。御子《おんこ》キリストのうちにあって豊《ゆた》かな実《み》を結《むす》ぶことができますように。わたししたちの主《しゅ》イエス・キリストによって。アーメン。

拝領祈願

全能《ぜんのう》の神《かみ》よ、新《あたら》しいいのちのたまものを受《う》けたわたしたちが、いつもあなたの恵《めぐ》みのうちに歩《あゆ》むことができますように。わたしたちの主《しゅ》イエス・キリストによって。アーメン。

年間第四主日

集会祈願

わたしたちの神《かみ》である父《ちち》よ、心《こころ》を尽《つ》くしてあなたに仕《つか》える喜《よろこ》びと、すべての人《ひと》を愛《あい》する恵《めぐ》みをお与《あた》えください。わたしたちの主《しゅ》イエス・キリストによって。アーメン。

拝領祈願

いつくしみ深《ふか》い父《ちち》よ、救《すく》いの秘跡《ひせき》によって養《やしな》われるわたしたちが、まことの信仰《しんこう》に成長《せいちょう》することができますように。わたしたちの主《しゅ》イエス・キリストによって。アーメン。

年間第五主日

集会祈願

信《しん》じる者《もの》の力《ちから》である神《かみ》よ、尽《つ》きることのないいつくしみのうちにわたしたちを守《まも》ってください。あなたの恵《めぐ》みを唯一《ゆいいつ》の希望《きぼう》とするこの家族《かぞく》が、いつもあなたの力《ちから》によって強《つよ》められますように。わたしたちの主《しゅ》イエス・キリストによって。アーメン。

拝領祈願

いのちの源《みなもと》である父《ちち》よ、一《ひと》つのパン、一《ひと》つの杯《さかずき》にあずかったわたしたちがキリストのうちに一《ひと》つに結《むす》ばれ、救《すく》いの喜《よろこ》びを世《よ》に伝《つた》えるものとなりますように。わたしたちの主《しゅ》イエス・キリストによって。アーメン。

年間第六主日

集会祈願

聖《せい》なる父《ちち》よ、あなたは、正義《せいぎ》を求《もと》める人《ひと》、誠実《せいじつ》な人《ひと》とともにおられます。わたしたちが、恵《めぐ》みに支《ささ》えられて豊《ゆた》かな実《みの》りをもたらすことができますように。わたしたちの主《しゅ》イエス・キリストによって。アーメン。

拝領祈願

いつくしみ深《ふか》い神《かみ》よ、あなたの恵《めぐ》みを味《あじ》わったわたしたちが、まことのいのちの糧《かて》をいつも求《もと》めることができますように。わたしたちの主《しゅ》イエス・キリストによって。アーメン。

年間第七主日

集会祈願

全能永遠《ぜんのうえいえん》の神《かみ》よ、わたしたちがいつも聖霊《せいれい》の光《ひかり》を求《もと》め、ことばと行《おこな》いをもってみ旨《むね》を果《は》たすことができるように導《みちび》いてください。わたしたちの主《しゅ》イエス・キリストによって。アーメン。

拝領祈願

聖《せい》なる父《ちち》よ、とうとい秘跡《ひせき》に養《やしな》われたわたしたちが、救《すく》いの実《みの》りを豊《ゆた》かに受《う》けることができますように。わたしたちの主《しゅ》イエス・キリストによって。アーメン。

年間第八主日

集会祈願

万物《ばんぶつ》を治《おさ》められる神《かみ》よ、世界《せかい》の歩《あゆ》みを力強《ちからづよ》く導《みちび》いてください。現代《げんだい》に生《い》きる教会《きょうかい》が人々《ひとびと》に仕《つか》え、平和《へいわ》のために尽《つ》くすことができますように。わたしたちの主《しゅ》イエス・キリストによって。アーメン。

拝領祈願

救《すく》いの源《みなもと》である神《かみ》よ、いのちのパンを受《う》けて祈《いの》ります。この秘跡《ひせき》に力《ちから》づけられるわたしたちが信仰《しんこう》の道《みち》を歩《あゆ》み、永遠《えいえん》のいのちの喜《よろこ》びにあずかることができますように。わたしたちの主《しゅ》イエス・キリストによって。アーメン。

年間第九主日

集会祈願

全能《ぜんのう》の神《かみ》よ、あなたのはからいは誤《あやま》りなく、すべてを治《おさ》めてくださいます。わたしたちを力強《ちからづよ》く支《ささ》え、あらゆる危険《きけん》から守《まも》ってください。わたしたちの主《しゅ》イエス・キリストによって。アーメン。

拝領祈願

すべてを治《おさ》められる父《ちち》よ、主《しゅ》の食卓《しょくたく》にあずかったわたしたちを、聖霊《せいれい》によって導《みちび》いてください。口先《くちさき》だけではなく、行《おこな》いと真実《しんじつ》をもって神《かみ》の国《くに》のあかしとなることができますように。わたしたちの主《しゅ》イエス・キリストによって。アーメン。

年間第十主日

集会祈願

すべての善《ぜん》の源《みなもと》である神《かみ》よ、わたしたちの祈《いの》りに耳《みみ》を傾《かたむ》けてください。あなたの息吹《いぶき》を受《う》けて、わたしたちがキリストの教《おし》えに心《こころ》を開《ひら》き、愛《あい》の実践《じっせん》に励《はげ》むことができますように。わたしたちの主《しゅ》イエス・キリストによって。アーメン。

拝領祈願

神《かみ》よ、救《すく》いの秘跡《ひせき》の力《ちから》によってわたしたちを悪《あく》への傾《かたむ》きから解放《かいほう》し、正《ただ》しい行《おこな》いに導《みちび》いてください。わたしたちの主《しゅ》イエス・キリストによって。アーメン。

年間第十一主日

集会祈願

あなたに望《のぞ》みをおく者《もの》の力《ちから》である神《かみ》よ、わたしたちの祈《いの》りに耳《みみ》を傾《かたむ》け、あなたから離《はな》れては何《なに》もできないわたしたちを恵《めぐ》みの力《ちから》で強《つよ》めてください。わたしたちがあなたのことばを守《まも》り、心《こころ》も行《おこな》いもみ旨《むね》にかなうものとなりますように。わたしたちの主《しゅ》イエス・キリストによって。アーメン。

拝領祈願

いのちの源《みなもと》である神《かみ》よ、一《ひと》つのパンをともに受《う》け、主《しゅ》のうちに結《むす》ばれたわたしたちが、平和《へいわ》と一致《いっち》のために働《はたら》くことができますように。わたしたちの主《しゅ》イエス・キリストによって。アーメン。

年間第十二主日

集会祈願

聖《せい》なる父《ちち》よ、あなたをいつも敬《うやま》い、愛《あい》する心《こころ》をお与《あた》えください。あなたを愛《あい》して生《い》きる者《もの》は見捨《みす》てられることがないからです。

わたしたちの主《しゅ》イエス・キリストによって。アーメン。

拝領祈願

いつくしみ深《ふか》い父《ちち》よ、主《しゅ》のとうといからだを、まことの食物《しょくもつ》としていただいたわたしたちが、いつもキリストのうちに生《い》き、終《お》わりの日《ひ》に復活《ふっかつ》することができますように。わたしたちの主《しゅ》イエス・キリストによって。アーメン。

年間第十三主日

集会祈願

いつくしみ深《ふか》い父《ちち》よ、あなたはわたしたちを選《えら》び、光《ひかり》の子《こ》としてくださいました。わたしたちが罪《つみ》のやみに迷《まよ》うことなく、いつも真理《しんり》の光《ひかり》のうちに歩《あゆ》むことができますように。わたしたちの主《しゅ》イエス・キリストによって。アーメン。

拝領祈願

救《すく》いの源《みなもと》である神《かみ》よ、ともに祝《いわ》った神秘《しんぴ》によってわたしたちを強《つよ》めてください。変《か》わることのないあなたの愛《あい》のうちにとどまり、豊《ゆた》かな実《みの》りをもたらすことができますように。わたしたちの主《しゅ》イエス・キリストによって。アーメン。

年間第十四主日

集会祈願

聖《せい》なる父《ちち》よ、あなたは、倒《たお》れていた世界《せかい》を、キリストの死《し》によって新《あたら》しいいのちに立《た》ち直《なお》らせてくださいました。信《しん》じる者《もの》を罪《つみ》の束縛《そくばく》から解放《かいほう》し、終《お》わりのない喜《よろこ》びにあずからせてください。わたしたちの主《しゅ》イエス・キリストによって。アーメン。

拝領祈願

栄光《えいこう》の神《かみ》よ、主《しゅ》の晩《ばん》さんで養《やしな》われたわたしたちが、救《すく》いの恵《めぐ》みにあずかり、あなたを絶《た》えず賛美《さんび》することができますように。わたしたちの主《しゅ》イエス・キリストによって。アーメン。

年間第十五主日

集会祈願

すべてを照《て》らしてくださる神《かみ》よ、あなたは、暗《くら》やみにさまよう人《ひと》たちがまことの道《みち》に立《た》ち帰《かえ》るように、真理《しんり》の光《ひかり》を輝《かがや》かせてくださいます。洗礼《せんれい》を受《う》けたすべての人《ひと》が、信仰《しんこう》に反《はん》することを退《しりぞ》け、キリストに従《したが》って生《い》きることができますように。わたしたちの主《しゅ》イエス・キリストによって。アーメン。

拝領祈願

全能《ぜんのう》の神《かみ》よ、いのちの糧《かて》に強《つよ》められて祈《いの》ります。主《しゅ》の過越《すぎこし》を記念《きねん》するたびに、救《すく》いのわざがわたしたちの中《なか》に力強《ちからづよ》く実現《じつげん》して行《ゆ》きますように。わたしたちの主《しゅ》イエス・キリストによって。アーメン。

年間第十六主日

集会祈願

恵《めぐ》み豊《ゆた》かな神《かみ》よ、あなたを仰《あお》ぎ見《み》る民《たみ》に、聖霊《せいれい》を惜《お》しみなくお与《あた》えください。信仰《しんこう》、希望《きぼう》、愛《あい》に燃《も》えて、いつもあなたのことばに従《したが》うことができますように。わたしたちの主《しゅ》イエス・キリストによって。アーメン。

拝領祈願

いつくしみ深《ふか》い父《ちち》よ、あなたの民《たみ》の力《ちから》となってください。主《しゅ》の食卓《しょくたく》で養《やしな》われたわたしたちが、古《ふる》い人《ひと》を脱《ぬ》ぎ捨《す》て、新《あたら》しいいのちに生《い》きることができますように。わたしたちの主《しゅ》イエス・キリストによって。アーメン。

年間第十七主日

集会祈願

信《しん》じる人《ひと》の希望《きぼう》である神《かみ》よ、あなたを離《はな》れてはすべてがむなしく、価値《かち》あるものはありません。いつくしみを豊《ゆた》かに注《そそ》ぎ、わたしたちを導《みちび》いてください。過《す》ぎ行《ゆ》くものを正《ただ》しく用《もち》い、永遠《えいえん》のものに心《こころ》を向《む》けることができますように。わたしたちの主《しゅ》イエス・キリストによって。アーメン。

拝領祈願

聖《せい》なる父《ちち》よ、御《おん》ひとり子《ご》の死《し》を告《つ》げ知《し》らせる秘跡《ひせき》を受《う》けて祈《いの》ります。主《しゅ》イエスの限《かぎ》りない愛《あい》を注《そそ》がれたわたしたちが、兄弟《きょうだい》に仕《つか》える者《もの》となりますように。わたしたちの主《しゅ》イエス・キリストによって。アーメン。

年間第十八主日

集会祈願

すべてを治《おさ》められる神《かみ》よ、あなたに祈《いの》り求《もと》める民《たみ》を顧《かえり》み、尽《つ》きることのないいつくしみを注《そそ》いでください。あなたの似姿《にすがた》に造《つく》られた人々《ひとびと》が救《すく》いの恵《めぐ》みを受《う》け、新《あたら》しいいのちのうちに歩《あゆ》むことができますように。わたしたちの主《しゅ》イエス・キリストによって。アーメン。

拝領祈願

信《しん》じる者《もの》の力《ちから》である神《かみ》よ、天《てん》のパンで強《つよ》められた人々《ひとびと》をいつもお守《まも》りください。あなたの恵《めぐ》みに生《い》かされて、永遠《えいえん》の救《すく》いにあずかる者《もの》となりますように。わたしたちの主《しゅ》イエス・キリストによって。アーメン。

年間第十九主日

集会祈願

全能永遠《ぜんのうえいえん》の神《かみ》よ、わたしたちは、聖霊《せいれい》によってあなたの子《こ》どもとしていただきました。あなたを父《ちち》と呼《よ》ぶわたしたちを、約束《やくそく》された永遠《えいえん》のいのちに導《みちび》いてください。わたしたちの主《しゅ》イエス・キリストによって。アーメン。

拝領祈願

喜《よろこ》びの源《みなもと》である神《かみ》よ、いのちのパンにあずかったわたしたちを救《すく》いの喜《よろこ》びで満《み》たし、真理《しんり》の光《ひかり》のうちに導《みちび》いてください。わたしたちの主《しゅ》イエス・キリストによって。アーメン。

年間第二十主日

集会祈願

いつくしみ深《ふか》い父《ちち》よ、あなたを深《ふか》く愛《あい》する心《こころ》をお与《あた》えください。すべてにおいてあなたを愛《あい》し、人《ひと》の思《おも》いをはるかに越《こ》えた幸《しあわ》せにあずかることができますように。わたしたちの主《しゅ》イエス・キリストによって。アーメン。

拝領祈願

いつくしみ深《ふか》い父《ちち》よ、感謝《かんしゃ》のうちに祈《いの》りま

す。秘跡《ひせき》によってキリストに結《むす》ばれたわたしたちが、日々《ひび》キリストの姿《すがた》に似《に》る者《もの》となり、そのいのちに永遠《えいえん》にあずかることができますように。わたしたちの主《しゅ》イエス・キリストによって。アーメン。

年間第二十一主日

集会祈願

永遠《えいえん》の父《ちち》よ、約束《やくそく》された聖霊《せいれい》を待《ま》ち望《のぞ》むわたしたちの祈《いの》りを聞《き》き入《い》れてください。移《うつ》り変《か》わる世界《せかい》の中《なか》にあって、わたしたちが心《こころ》を一《ひと》つにして愛《あい》のおきてを守《まも》り、いつもまことの喜《よろこ》びに生《い》きることができますように。わたしたちの主《しゅ》イエス・キリストによって。アーメン。

拝領祈願

秘跡《ひせき》を通《とお》して働《はたら》かれる神《かみ》よ、わたしたちにゆるしといやしをお与《あた》えください。あなたの愛《あい》のうちに成長《せいちょう》し、いつもみ旨《むね》にかなう者《もの》となりますように。わたしたちの主《しゅ》イエス・キリストによって。アーメン。

年間第二十二主日

集会祈願

全能永遠《ぜんのうえいえん》の神《かみ》よ、あなたを愛《あい》する心《こころ》をお与《あた》えください。復活《ふっかつ》の信仰《しんこう》に生《い》きるわたしたちが、人々《ひとびと》の中《なか》で、絶《た》えずそのあかしを立《た》てることができますように。わたしたちの主《しゅ》イエス・キリストによって。アーメン。

拝領祈願

信《しん》じる者《もの》の力《ちから》である神《かみ》よ、天《てん》の糧《かて》に養《やしな》われて祈《いの》ります。あなたを愛《あい》し、人々《ひとびと》に仕《つか》える熱意《ねつい》を、わたしたちの中《なか》に燃《も》え立《た》たせてください。わたしたちの主《しゅ》イエス・キリストによって。アーメン。

年間第二十三主日

集会祈願

聖《せい》なる父《ちち》よ、あなたはキリストによってわたしたちをあがない、神《かみ》の子《こ》どもとしてくださいます。あなたの愛《あい》を受《う》けた民《たみ》を顧《かえり》み、御子《おんこ》を信《しん》じる人々《ひとびと》に、まことの自由《じゆう》と永遠《えいえん》の喜《よろこ》びをお与《あた》えください。わたしたちの主《しゅ》イエス・キリストによって。アーメン。

拝領祈願

いつくしみ深《ふか》い父《ちち》よ、みことばといのちのパンで養《やしな》われたわたしたちを強《つよ》めてください。御《おん》ひとり子《ご》の豊《ゆた》かなたまもので満《み》たされ、いつもそのいのちに生《い》きることができますように。わたしたちの主《しゅ》イエス・キリストによって。アーメン。

年間第二十四主日

集会祈願

天地万物《てんちばんぶつ》を造《つく》り、治《おさ》められる全能《ぜんのう》の神《かみ》よ、あなたの民《たみ》を顧《かえり》みてください。わたしたちが救《すく》いの力《ちから》を知《し》り、心《こころ》を尽《つ》くしてあなたに仕《つか》えることができますように。わたしたちの主《しゅ》イエス・キリストによって。アーメン。

拝領祈願

いつくしみ深《ふか》い神《かみ》よ、今受《いまう》けた秘跡《ひせき》の働《はたら》きによって、心《こころ》もからだもあなたのものとしてください。わたしたちが自然《しぜん》の思《おも》いではなく、いつもあなたの導《みちび》きに従《したが》うことができますように。わたしたちの主《しゅ》イエス・キリストによって。アーメン。

年間第二十五主日

集会祈願

ひとり子《ご》を与《あた》えるほど世《よ》を愛《あい》された父《ちち》よ、あなたは愛《あい》のおきてによって、すべてを完成《かんせい》に導《みちび》いてくださいます。わたしたちが互《たが》いに愛《あい》し合《あ》うことによって、人々《ひとびと》にあなたの愛《あい》をあかしすることができますように。わたしたちの主《しゅ》イエス・キリストによって。

アーメン。

拝領祈願

いつくしみ深《ふか》い神《かみ》よ、主《しゅ》のとうといからだを受《う》けたわたしたちを、いつもお守《まも》りください。秘跡《ひせき》の恵《めぐ》みを日々《ひび》の生活《せいかつ》で生《い》かすことができますように。わたしたちの主《しゅ》イエス・キリストによって。アーメン。

年間第二十六主日

集会祈願

全能《ぜんのう》の神《かみ》よ、あなたのゆるしは限《かぎ》りなく、そのあわれみはすべてに及《およ》びます。あなたを探《さが》し求《もと》める人《ひと》に恵《めぐ》みを注《そそ》ぎ、永遠《えいえん》の喜《よろこ》びを与《あた》えてください。わたしたちの主《しゅ》イエス・キリストによって。アーメン。

拝領祈願

神《かみ》よ、秘跡《ひせき》の恵《めぐ》みによって心《こころ》とからだをいやしてください。主《しゅ》の死《し》を告《つ》げるわたしたちが、キリストと苦《くる》しみをともにし、復活《ふっかつ》の栄光《えいこう》にもあずかることができますように。わたしたちの主《しゅ》イエス・キリストによって。アーメン。

年間第二十七主日

集会祈願

全能永遠《ぜんのうえいえん》の神《かみ》よ、あなたの恵《めぐ》みは限《かぎ》りなく、人《ひと》の思《おも》いをはるかに越《こ》えて世界《せかい》の上《うえ》に注《そそ》がれます。わたしたちを罪《つみ》の重荷《おもに》から解放《かいほう》し、まことの自由《じゆう》に導《みちび》いてください。わたしたちの主《しゅ》イエス・キリストによって。アーメン。

拝領祈願

全能《ぜんのう》の神《かみ》よ、主《しゅ》の食卓《しょくたく》で養《やしな》われ、喜《よろこ》びに満《み》たされたわたしたちが、キリストのいのちに、日々《ひび》成長《せいちょう》することができますように。わたしたちの主《しゅ》イエス・キリストによって。アーメン。

年間第二十八主日

集会祈願

すべてを治《おさ》められる神《かみ》よ、あなたは先《さき》にわたしたちを愛《あい》してくださいました。この愛《あい》に支《ささ》えられるわたしたちが、いつも心《こころ》から兄弟《きょうだい》に仕《つか》えることができますように。わたしたちの主《しゅ》イエス・キリストによって。アーメン。

拝領祈願

万物《ばんぶつ》を治《おさ》められる父《ちち》よ、わたしたちの祈《いの》りに耳《みみ》を傾《かたむ》けてください。キリストのとうといからだを、まことの糧《かて》として受《う》けた人々《ひとびと》が、神《かみ》のいのちにあずかる者《もの》となりますように。わたしたちの主《しゅ》イエス・キリストによって。アーメン。

年間第二十九主日

集会祈願

喜《よろこ》びの源《みなもと》である父《ちち》よ、あなたに感謝《かんしゃ》をささげるために、わたしたちはここに集《あつ》まっています。キリストの復活《ふっかつ》を信《しん》じるわたしたちが、日々《ひび》の仕事《しごと》を通《とお》して神《かみ》の国《くに》のあかしとなることができますように。わたしたちの主《しゅ》イエス・キリストによって。アーメン。

拝領祈願

いのちの源《みなもと》である神《かみ》よ、秘跡《ひせき》にあずかったわたしたちを強《つよ》めてください。人生《じんせい》の旅路《たびじ》を歩《あゆ》む力《ちから》を受《う》け、あなたの国《くに》の希望《きぼう》に励《はげ》まされますように。わたしたちの主《しゅ》イエス・キリストによって。アーメン。

年間第三十主日

集会祈願

恵《めぐ》み豊《ゆた》かな神《かみ》よ、わたしたちの信仰《しんこう》、希望《きぼう》、愛《あい》を強《つよ》めてください。すべてに越《こ》えてあなたを愛《あい》し、約束《やくそく》された永遠《えいえん》のいのちを受《う》けることができますように。わたしたちの主《しゅ》イエス・キリストによって。アーメン。

拝領祈願

救《すく》いの源《みなもと》である神《かみ》よ、今《いま》受《う》けた恵《めぐ》みを深《ふか》く味《あじ》わわせてください。秘跡《ひせき》のしるしによって示《しめ》される救《すく》いが、わたしたちのうちに実現《じつげん》しますように。わたしたちの主《しゅ》イエス・キリストによって。アーメン。

年間第三十一主日

集会祈願

すべてを一《ひと》つに集《あつ》めてくださる父《ちち》よ、信《しん》じる人々《ひとびと》が、あなたにふさわしい礼拝《れいはい》をささげることができるのはあなたの恵《めぐ》みによるものです。今《いま》ここに集《あつ》まっているわたしたちが、約束《やくそく》された国《くに》に向《む》かってともに歩《あゆ》むことができますように。わたしたちの主《しゅ》イエス・キリストによって。アーメン。

拝領祈願

聖《せい》なる父《ちち》よ、力強《ちからづよ》くわたしたちの上《うえ》にはたらきかけてください。とうとい秘跡《ひせき》に養《やしな》われて、約束《やくそく》された喜《よろこ》びに入《はい》ることができますように。わたしたちの主《しゅ》イエス・キリストによって。アーメン。

年間第三十二主日

集会祈願

全能《ぜんのう》の神《かみ》よ、あなたの支配《しはい》に逆《さか》らう悪《あく》の力《ちから》を滅《ほろ》ぼしてください。罪《つみ》から解放《かいほう》されたわたしたちがあなたの国《くに》を待《ま》ち望《のぞ》み、正義《せいぎ》を行《おこな》う者《もの》となることができますように。わたしたちの主《しゅ》イエス・キリストによって。アーメン。

拝領祈願

神《かみ》よ、いのちの糧《かて》に養《やしな》われ、感謝《かんしゃ》の祈《いの》りをささげます。キリストに結《むす》ばれた人《ひと》が聖霊《せいれい》に導《みちび》かれ、正《ただ》しい道《みち》を歩《あゆ》み続《つづ》けることができますように。わたしたちの主《しゅ》イエス・キリストによって。アーメン。

年間第三十三主日

集会祈願

すべてを治《おさ》められる父《ちち》よ、み旨《むね》に従《したが》って生《い》きる人《ひと》に、あなたは神《かみ》の国《くに》の喜《よろこ》びを備《そな》えてくださいます。あなたからいただくすべてのものが、救《すく》いのみわざの完成《かんせい》に役立《やくだ》つものとなりますように。わたしたちの主《しゅ》イエス・キリストによって。アーメン。

拝領祈願

いのちの源《みなもと》である神《かみ》よ、キリストのからだを受《う》けた人々《ひとびと》を、いつくしみをもって顧《かえり》みてください。主《しゅ》のことばに従《したが》ってこの記念《きねん》を行《おこな》ったわたしたちが、まことの愛《あい》を深《ふか》めることができますように。わたしたちの主《しゅ》イエス・キリストによって。アーメン。

王であるキリスト（年間最後の主日）

集会祈願

全能永遠《ぜんのうえいえん》の神《かみ》よ、あなたは、天地万物《てんちばんぶつ》の王《おう》であるキリストのうちに、すべてが一《ひと》つに集《あつ》められるようお定《さだ》めになりました。造《つく》られたすべてのものが、罪《つみ》の束縛《そくばく》から解放《かいほう》されてあなたに仕《つか》え、栄光《えいこう》を終《お》わりなくたたえることができますように。わたしたちの主《しゅ》イエス・キリストによって。アーメン。

拝領祈願

信《しん》じる者《もの》の力《ちから》である神《かみ》よ、永遠《えいえん》のいのちの糧《かて》に強《つよ》められて祈《いの》ります。天地万物《てんちばんぶつ》の王《おう》であるキリストに従《したが》うわたしたちが、あなたの国《くに》で尽《つ》きることのない喜《よろこ》びを受《う》けることができますように。わたしたちの主《しゅ》イエス・キリストによって。アーメン。

二月二日　主の奉献

集会祈願

全能永遠《ぜんのうえいえん》の神《かみ》よ、御《おん》ひとり子《ご》は人《ひと》となられ、きょう神殿《しんでん》にささげられました。わたしたちも聖霊《せいれい》の光《ひかり》に従《したが》い、罪《つみ》のやみを捨《す》て、みずからをあなたにささげることができますように。わたしたちの主《しゅ》イエス・キリストによって。アーメン。

拝領祈願

希望《きぼう》する者《もの》の力《ちから》である神《かみ》よ、あなたはシメオンの望《のぞ》みをかなえ、世《よ》を去《さ》る前《まえ》に救《すく》い主《ぬし》を見《み》る恵《めぐ》みをお与《あた》えになりました。とうとい秘跡《ひせき》にあずかったわたしたちが主《しゅ》の来臨《らいりん》を待《ま》ち望《のぞ》み、永遠《えいえん》のいのちに導《みちび》かれますように。わたしたちの主《しゅ》イエス・キリストによって。アーメン。

六月二十四日　洗礼者聖ヨハネの誕生

集会祈願

すべての人《ひと》の救《すく》いを望《のぞ》まれる神《かみ》よ、あなたは洗礼者《せんれいしゃ》ヨハネを遣《つか》わし、人々《ひとびと》に救《すく》い主《ぬし》キリストを迎《むか》える準備《じゅんび》をさせてくださいました。あなたの民《たみ》を信仰《しんこう》の喜《よろこ》びで満《み》たし、救《すく》いと平和《へいわ》の道《みち》に導《みちび》いてください。わたしたちの主《しゅ》イエス・キリストによって。アーメン。

拝領祈願

恵《めぐ》み豊《ゆた》かな神《かみ》よ、神《かみ》の小羊《こひつじ》の食卓《しょくたく》で力《ちから》づけられたわたしたちを顧《かえり》みてください。聖《せい》ヨハネの告《つ》げたキリストを、新《あたら》しいいのちの与《あた》え主《ぬし》としてあがめ、たたえることができますように。わたしたちの主《しゅ》イエス・キリストによって。アーメン。

六月二十九日　聖ペトロ　聖パウロ使徒

集会祈願

すべてを治《おさ》められる神《かみ》よ、使徒《しと》ペトロとパウロの殉教《じゅんきょう》をたたえて祈《いの》ります。教会《きょうかい》が、信仰《しんこう》の礎《いしずえ》となった使徒《しと》の教《おし》えを受《う》け継《つ》ぎ、その真理《しんり》を世界《せかい》にあかしすることができますように。わたしたちの主《しゅ》イエス・キリストによって。アーメン。

拝領祈願

恵《めぐ》み豊《ゆた》かな神《かみ》よ、秘跡《ひせき》に養《やしな》われたわたしたちが初代教会《しょだいきょうかい》にならい、ともにパンを裂《さ》き、使徒《しと》の教《おし》えを守《まも》り、心《こころ》と思《おも》いを一《ひと》つにして、あなたの愛《あい》に生《い》きることができますように。わたしたちの主《しゅ》イエス・キリストによって。

アーメン。

八月六日　主の変容

集会祈願

聖《せい》なる父《ちち》よ、御子《おんこ》キリストは栄光《えいこう》の姿《すがた》のうちに現《あらわ》れ、聖書《せいしょ》のことばを通《とお》して、弟子《でし》たちに救《すく》いの神秘《しんぴ》を説《と》き、神《かみ》の子《こ》どもとなるすばらしさを示《しめ》されました。御《おん》ひとり子《ご》の声《こえ》に従《したが》うわたしたちが、キリストとともにあなたの国《くに》を継《つ》ぐものとなりますように。わたしたちの主《しゅ》イエス・キリストによって。

アーメン。

拝領祈願

聖《せい》なる父《ちち》よ、あなたは御子《おんこ》の変容《へんよう》の輝《かがや》きのうちに、その栄光《えいこう》の姿《すがた》を示《しめ》してくださいました。この祝日《しゅくじつ》にいただいたいのちの糧《かて》によって、わたしたちがキリストの姿《すがた》に変《か》えられて行《ゆ》きますように。わたしたちの主《しゅ》イエス・キリストによって。アーメン。

八月十五日　聖母の被昇天

集会祈願

全能永遠《ぜんのうえいえん》の神《かみ》よ、あなたは、御《おん》ひとり子《ご》の母《はは》、汚《けが》れのないおとめマリアを、からだも魂《たましい》も、ともに天《てん》の栄光《えいこう》に上《あ》げられました。信《しん》じる民《たみ》がいつも天《てん》の国《くに》を求《もと》め、聖母《せいぼ》とともに永遠《えいえん》の喜《よろこ》びに入《はい》ることができますように。わたしたちの主《しゅ》イエス・キリストによって。アーメン。

拝領祈願

信《しん》じる者《もの》の喜《よろこ》びである神《かみ》よ、いのちの糧《かて》を受《う》けて祈《いの》ります。天《てん》に上《あ》げられた聖母《せいぼ》マリアの取《と》り次《つ》ぎを聞《き》き入《い》れ、わたしたちを復活《ふっかつ》の栄光《えいこう》に導《みちび》いてください。わたしたちの主《しゅ》イエス・キリストによって。アーメン。

九月十四日　十字架称賛

集会祈願

聖《せい》なる父《ちち》よ、あなたは人類《じんるい》の救《すく》いのために、御《おん》ひとり子《ご》が十字架《じゅうじか》をになうようお定《さだ》めになりました。十字架《じゅうじか》の神秘《しんぴ》を信《しん》じるわたしたちが、永遠《えいえん》にその勝利《しょうり》にあずかることができますように。わたしたちの主《しゅ》イエス・キリストによって。アーメン。

拝領祈願

いつくしみ深《ふか》い父《ちち》よ、永遠《えいえん》のいのちの糧《かて》に強《つよ》められて祈《いの》ります。キリストの十字架《じゅうじか》によってあがなわれたあなたの民《たみ》を、復活《ふっかつ》の栄光《えいこう》に導《みちび》いてください。わたしたちの主《しゅ》イエス・キリストによって。アーメン。

十一月一日　諸聖人

集会祈願

聖《せい》なる父《ちち》よ、あなたはきょう、すべての聖《せい》人《じん》のいさおしをたたえる喜《よろこ》びを与《あた》えてくださいます。聖人《せいじん》たちの取《と》り次《つ》ぎを願《ねが》うわたしたちが、あがないの恵《めぐ》みを豊《ゆた》かに受《う》けることができますように。わたしたちの主《しゅ》イエス・キリストによって。アーメン。

拝領祈願

聖《せい》なる父《ちち》よ、すべての聖人《せいじん》のうちに現《あらわ》されたあなたの栄光《えいこう》をたたえて祈《いの》ります。旅路《たびじ》の糧《かて》を受《う》けたわたしたちが豊《ゆた》かな愛《あい》に強《つよ》められ、あなたの家《いえ》で永遠《えいえん》のうたげにあずかることができますように。わたしたちの主《しゅ》イエス・キリストによって。アーメン。

十一月二日　死者の日

集会祈願

恵《めぐ》み豊《ゆた》かな神《かみ》よ、復活《ふっかつ》された御子《おんこ》キリストに従《したが》うわたしたちの信仰《しんこう》を強《つよ》め、死者《ししゃ》の復《ふっ》活《かつ》を待《ま》つわたしたちの希望《きぼう》を不動《ふどう》のものとしてください。わたしたちの主《しゅ》イエス・キリストによって。アーメン。

拝領祈願

いつくしみ深《ふか》い父《ちち》よ、御子《おんこ》キリストの過越《すぎこし》の神秘《しんぴ》にあずかり、世《よ》を去《さ》った人《ひと》のために祈《いの》ります。亡《な》くなったすべての人《ひと》が、光《ひかり》と平和《へいわ》の国《くに》に導《みちび》かれますように。わたしたちの主《しゅ》イエス・キリストによって。アーメン。

十一月九日　ラテラン教会の献堂

集会祈願

いつくしみ深《ふか》い神《かみ》よ、あなたは年《とし》ごとに、ラテラン教会《きょうかい》の献堂《けんどう》を記念《きねん》させてくださいます。あなたの家《いえ》でいつも清《きよ》いいけにえがささげられ、豊《ゆた》かな救《すく》いの恵《めぐ》みが与《あた》えられますように。わたしたちの主《しゅ》イエス・キリストによって。アーメン。

拝領祈願

聖《せい》なる父《ちち》よ、あなたは教会《きょうかい》が、天《てん》の都《みやこ》エルサレムの、目《め》に見《み》えるしるしとなるようお望《のぞ》みになりました。とうとい秘跡《ひせき》にあずかったわたしたちが、恵《めぐ》みに満《み》たされて生《い》きる者《もの》となり、あなたの栄光《えいこう》の住《す》まいに入《はい》ることができますように。わたしたちの主《しゅ》イエス・キリストによって。アーメン。

十二月八日　無原罪の聖マリア

集会祈願

救《すく》いの源《みなもと》である父《ちち》よ、あなたは、おとめマリアを御子《おんこ》のふさわしい母《はは》とするために、始《はじ》めから罪《つみ》の汚《けが》れのないものとしてくださいました。聖《せい》マリアの取《と》り次《つ》ぎを求《もと》めて祈《いの》ります。御子《おんこ》の十字架《じゅうじか》の恵《めぐ》みによって、聖《せい》マリアがすべての汚《けが》れを免《まぬか》れたように、わたしたちも清《きよ》いものとなり、あなたのもとに近《ちか》づくことができますように。わたしたちの主《しゅ》イエス・キリストによって。アーメン。

拝領祈願

全能《ぜんのう》の神《かみ》よ、あなたは限《かぎ》りない愛《あい》によって、おとめマリアに罪《つみ》の汚《けが》れのないいのちをお与《あた》えになりました。わたしたちのうちに残《のこ》る罪《つみ》の傷跡《きずあと》を、今受《いまう》けた秘跡《ひせき》の恵《めぐ》みによっていやしてください。わたしたちの主《しゅ》イエス・キリストによって。アーメン。

付録三　信徒の司会者の任命式

1　信徒の司会者を任命するに際して、何らかの式を行って任命される人のために祈り、共同体に公表することが勧められる。そのため、共同体の多くが参加する主日のミサの中で行われることが望ましい。

2　ミサの中で行う場合、聖書朗読は当日のものを用いる。福音朗読が終わると、司祭は説教の中で、司祭不在のときの主日の集会祭儀の司会者として信徒が任命されることの意味についても簡潔に触れる。

3　説教が終わると、司祭は主日の集会祭儀の司会者に任命される信徒をたとえば次のようなことばで呼び出す。

司　**わたしたちの共同体《きょうどうたい》で奉仕《ほうし》するため、今日《きょう》、主日《しゅじつ》の集会祭儀《しゅうかいさいぎ》の司会者《しかいしゃ》に任命《にんめい》される○○○○さんは前《まえ》に出《で》てください。**

4　続いて、司祭はたとえば次のような勧めのことばを述べる。

司　皆《みな》さん、神《かみ》の民《たみ》である教会《きょうかい》は、感謝《かんしゃ》の祭儀《さいぎ》を中心《ちゅうしん》にして集《あつ》まり、神《かみ》のことばとキリストのからだによって養《やしな》われます。ここにおられる○○○○さんは、ふさわしい準《じゅん》備《び》を終《お》え、(今日《きょう》から○○までの期間《きかん》、)司祭《しさい》が不在《ふざい》のときに主日《しゅじつ》の集会祭儀《しゅうかいさいぎ》を司会《しかい》する奉仕者《ほうししゃ》に任命《にんめい》されます。この奉仕《ほうし》の務《つと》めは、共同体《きょうどうたい》の祈《いの》りを指導《しどう》し、ことばの祭儀《さいぎ》を司会《しかい》し、聖体《せいたい》を授与《じゅよ》することによって果《は》たされます。このような大切《たいせつ》な務《つと》めをゆだねられる○○○○さん。神《かみ》のことばとキリストのからだを信仰《しんこう》の糧《かて》としていただく恵《めぐ》みをたえず黙想《もくそう》し、ゆだねられた務《つと》めの意味《いみ》を深《ふか》く理解《りかい》するよう心《こころ》がけてください。そして、日々《ひび》の生活《せいかつ》の中《なか》で、主《しゅ》キリストとともに自分自身《じぶんじしん》を父《ちち》なる神《かみ》にゆだね、信者《しんじゃ》の皆《みな》さんに奉仕《ほうし》するよう努《つと》めてください。

5　勧めのことばの後、教区長からの任命書を読み上げ、授与することができる。

6　続いて、司祭はたとえば次のようなことばで一同を祈りに招き、手を広げて祝福の祈りを唱える。

司　主日《しゅじつ》の集会祭儀《しゅうかいさいぎ》の司会者《しかいしゃ》に任命《にんめい》される○○○○さんが、神《かみ》の豊《ゆた》かな祝福《しゅくふく》に支《ささ》えられ、共同体《きょうどうたい》に奉仕《ほうし》することができるよう祈《いの》りましょう。

一同はしばらく沈黙のうちに祈る。

司　いつくしみ深《ふか》い神《かみ》よ、
あなたは、わたしたちが互《たが》いに仕《つか》え合《あ》う者《もの》となることを望《のぞ》んでおられます。
主日《しゅじつ》の集会祭儀《しゅうかいさいぎ》の司会者《しかいしゃ》として選《えら》ばれたこの兄弟《きょうだい》（姉妹《しまい》）に
豊《ゆた》かな祝福《しゅくふく》✠を注《そそ》ぎ、
その決意《けつい》を揺《ゆ》るぎないものとしてください。
あなたのことばとキリストのからだに養《やしな》われて信仰《しんこう》と愛《あい》を深《ふか》め、
共同体《きょうどうたい》に奉仕《ほうし》する務《つと》めを喜《よろこ》びのうちに果《は》たすことができますように。
わたしたちの主《しゅ》イエス・キリストによって。

一同　アーメン。

7　続いて、一同は通常の方法で信仰宣言を行い、共同祈願を唱える。共同祈願では、主日の集会祭儀の司会者に任命された人のための意向を加える。

8　感謝の典礼が通常どおり行われる。主日の集会祭儀の司会者に任命された人が、パンとぶどう酒を祭壇まで運ぶ。

9　主日の集会祭儀の司会者に任命された人は、両形態で拝領することが望ましい。

付録四　教皇庁典礼省「司祭不在のときの主日の集会祭儀指針」

「司祭不在のときの主日の集会祭儀指針」は、それぞれ異なるとはいえ、一点に集中する種々の問題に対する回答である。その第一は、主日に充実した祭儀がいつでも、どこでも執行できるとは限らない実状が指摘され（2）、もう一つの要因として、近年、司教協議会がこのような現状に対処する指針を要請してきている事実が挙げられる（7）。第三に、使徒座が公にした種々の指示や一般指針による使徒座自身の体験と、この問題に取り組んだいろいろな国の司教方の体験が挙げられる。本指針はこれらの経験をすべて吸い上げ、このような祭儀の利点を評価すると同時に、その限界をも指摘するものである。

本指針全体の基本的な考え方は、主日のキリスト者の祭儀をもっともふさわしく、また、あらゆる状況のもとで保証することにある。ミサが不可能な場合でも、主日のための集会祭儀にいくつかの重要な要素が見いだされることを指針は認めているが、しかしミサが本来の祭儀であることに変わりはない。本文書は、感謝の祭儀を伴わない主日の集会を奨励したり、不必要な、あるいは人為的な方法でその便宜を図ったりするものではなく、ただ現実の状況がこのような集会祭儀を執り行うよう促す際（21―22）に、望ましい方向づけと規制を示そうとするものである。

指針の第一部は、『典礼憲章』106条から出発して、主日の意義について概要を述べる（8）。第二部は、ある教区で、司祭不在が通常になっている場合の集会を整えるのに必要な諸条件を取り扱う。この際に、信徒の協力が前提とされる。それは、司牧に携わる者が共同体の成員に委託することのできる役割の一例である。指針と実践の見地からすると、この部分は、当文書中、もっとも重要な部分である。第三部では、聖体拝領を伴う主日のことばの祭儀の式次第の簡単な解説が記されている。他の類似の文書と同様、当指針の適応は各司教が行う。その際、自教区の状況を考慮するが、より広範囲にわたる規則の場合は、司教協議会と検討する。

以上述べた状況のもとに置かれた共同体に対して、主日の集会祭儀を確保することが肝要である。その際、これらの集会を典礼暦年の祭儀に組み入れる（36）とともに、自分たちの司牧者を囲んで感謝の祭儀を祝っている母共同体と、その集会とをつなぐよう（42）意を用いなければならない。

いずれにせよパウロ六世（21）ならびにヨハネ・パウロ二世（50）が指摘されるように、主日の司牧の主眼は、つねに変わることがない。すなわち、主日の司牧の目指すところはキリスト教の伝統に基づいて主の日を祝い、そして生きることなのである。

前文

1　キリストの教会は、五十日祭の日以来、聖霊が降臨してから、主の復活の記念として過越の神秘を祝うために、「主の日」と名づけられた日に、ともに集まることを決して欠かさなかった。主日の集会の中で、教会は聖書全体にわたり、キリストについて書かれていることがらを宣言し[1]、また主が来られるまで、その死と復活の記念祭である感謝の祭儀を祝う。

2　しかし、主日の充実した祭儀がつねにできるとは限らない。というのは、「聖務者の不在又は他の重大な理由によって、感謝の祭儀にあずかることができない[2]」大勢の信者が過去にいたし、今日もいるからである。

3　種々の地方において、最初の福音宣教の後、司教たちは主の日に信者を集め、また信仰行事のかたちで祈りを指導する役目を教話担当者（カテキスタ）にゆだねた。それというのも、激増したキリスト信者が多くの地域に、しかも時には遠方に散在して住んでいたため、主日ごとに司祭が彼らのもとを訪れることはできなかったからである。

4　他の地方では、キリスト信者に対する迫害、もしくは宗教の自由に課された厳しい制約のゆえに、主日に集会をもつことが、信者にはまったく禁じられている。その昔、殉教に至るまで忠実に主日の集会に参加した信者たちがいた[3]と同様、今日でも、たとえ司祭が不在であっても、家庭あるいは小さなグループでともに祈るため万難を排して主の日に集まる信者たちがいる。

5　今日、別な理由から、多くの地方で各小教区は、司祭数の減少に伴い、主日ごとに感謝の祭儀を執り行うことができないでいる。さらに、社会的、経済的状勢から、少なからぬ小教区は過疎化に悩んでいる。このため、主日になると、感謝の祭儀が何回も、異なった遠隔の教会で司祭に委任されることが多い。このような事態が牧者不在の小教区にとっても、司祭自身にとっても、つねに望ましいとはいえない。

6　こうした中で、一部の国の教会において、この事態を斟酌《しんしゃく》した司教たちは、主日にでき得る限りふさわしいキリスト教集会が行われ、また、主日のキリスト教的伝統が堅持されることを願って、司祭不在の場合、主日向けの他の祭儀を考案する必要を認めた。

しばしば、とくに宣教地において、信徒自身が主日の重要性を意識し、教話担当者や修道者・修道女の助けを借り、神のことばを聴き、ともに祈り、時には主の尊いからだを受けるために集まっている。

7　以上のことがらをすべて熟慮し、また、聖座の公布した諸文書を考慮した末(4)、典礼省は、各国の司教協議会の願望も受け入れて、主日に関する教義的要素を若干想起し、併せて、教区内でこのような祭儀を正当化する諸条件を規定し、さらにその祭儀を正しく執り行うための指針を示すことは時宜にかなっていると判断した。

必要があれば、以下に記す規則をさらに詳しく規定し、また各民族の特性と種々の状況に適応させるのは、司教協議会の役割である。その場合、使徒座に報告する。

一　主日とその聖化

8　「教会は、キリストの復活の日に起源をもつ使徒の伝承により、過越の神秘を八日目ごとに祝う。この日はそれゆえにこそ、主の日すなわち主日と呼ばれている」(5)。

9　新約聖書の時代にすでに「主の日」と呼んだ特定の日(6)、信者が開いていた集会についての証言は、非常に早い一世紀と二世紀の資料(7)にはっきり見いだされる。中でも、聖ユスチノの次の記述はひときわ光彩を放っている。「太陽の日と呼ばれる日には、町々村々の全住民が一箇所にともに集まっています……」(8)。しかし、キリスト信者が集まる日は、ギリシアとローマの暦の祝祭日とは異なっていたので、その日は同郷人にとってもキリスト者であることのあかしであった。

10　最初の時代から、司牧に携わる人々は、主の日に集まる必要をつねに説いてやまなかった。「キリストのからだの肢体であるのに、一緒に集まらないことによって、教会から自分を引き離すことのないように……。どうでもよいことだと考えて、集まるのをおろそかにすることがないように、救い主をその肢体から疎外したり、そのからだを引き裂くか、ばらばらにしたりすることがないように……」(9)。これは最近、第二バチカン公会議が次のことばで想起させたことと同じである。「この日、キリスト信者は一つに集まらなければならない。それは、神のことばを聞き、感謝の祭儀に参加して、主イエスの受難と復活と栄光を記念し、彼らを『新たに生まれさせ、死者の中からのイエス・キリストの復活によって、生き生きとした希望を与えて』（一ペトロ1・3）くださる神に感謝をささげるためである」[10]。

11　キリスト信者の生活における主日の祭儀の重要性を、アンチオケの聖イグナチオはこう説いている。「（キリスト者は）もう安息日を祝おうとはしません。彼らは、キリストを通して、キリストの死のおかげで、わたしたちのいのちも復活した、あの主の日に基づいて生きているのです」[11]。信者のキリスト教的感覚は、昔も今も、つねに主の日を非常に大切にし、迫害のさなかにあっても、また、キリスト教信仰からかけはなれた、あるいはキリスト教信仰と対立する諸文化の中にあっても、主の日は絶対におろそかにすることはないのである。

12　主日の集会が成立するのに必要な要素として、おもに次のことがらが挙げられる。

①「教会」を表すための信者の集会。これは自発的に形成されるものではなく、神から呼び集められたもの、すなわち有機的に構成された神の民であって、頭であるキリストの名代として司祭がこれを主宰する。

②聖書に基づく過越秘義の教話。これは司祭あるいは助祭によって宣言され、解説される。

③感謝の奉献の祭儀。これはキリストに結ばれた司祭によって執り行われ、司祭はキリスト信者の民の名でこれをささげる。これを通して死と復活の過越秘義が現在のものとなる。

13　司牧的熱誠は、特にミサの奉献を主日ごとにささげることに向けられなければならない。それは、ミサの奉献を通してのみ、主の過越が永続化され、[12]教会が完全に現されるからである。「主日は、信者の信仰心に明示し、刻み込まれなければならない根源的な祝日であり、……他の祭儀は、真にきわめて重要なものでないかぎり、主日に優先させてはならない。それは、この日こそ典礼暦年全体の基礎であり中核だからである[13]」。

14　以上に述べた諸原則は、キリスト者の養成の最初から強調されなければならない。その目的は、信者が進んで主日を聖とする務めを果たすようになり、また、主日の都度、教会から招かれて一つに集まるのは、ただ個人的な信心を満足させるためでなく、感謝の祭儀を行うためである、[14]という真の動機をわきまえることにある。こうして、信者はただ休日としてではなく、人間の労働に対する神の超越性のしるしとして主日を体験し、そのうえ、とくに主日の集会の意義をもっと深くとらえ、そして教会の成員であることを外的に示すことができる。

15　信者は、キリスト者の共同体生活として主日の集会の中で行動的参加を体験するとともに、真の兄弟愛と聖霊の導きのもとに霊的に強められる機会を見いだせるようでなければならない。こうして、孤独の苦悩より解放が得られ、しかも、自分たちの宗教的憧れにもっと完全な満足が与えられると約束する諸宗派の魅力から、より容易に守られるであろう。

16　終わりに、司牧活動は、主日が「喜びの日、仕事を休む日にもなる[15]」ための創意工夫を奨励しなければならない。このようにして、現代社会の中で、主の日がすべての人の日に自由の象徴《しるし》と映じ、人間自身の善益のために設けられた日であることが明白とならねばならないのである。まぎれもなく、この善益自体が、仕事とか生産過程とかにまさる価値を有している[16]。

17　神のことば、感謝の典礼、そして祭司的奉仕の務めの三つは、主がその花嫁である教会に提供してくださるたまものなのである。これらは、神の恵みとして歓迎すべきことであり、そのうえ祈り求めるべきことである。とくに、主日の集いにこれらのたまものを味わう教会は、「玉座の前と小羊の前に立つ[17]」主の日の完全な享受を待望しながら、その集会で神に感謝をささげるのである。

二　司祭不在のときの主日の集会祭儀の諸条件

18　主日のミサをささげることができない地域でまず検討すべきことは、信者が近郊の教会に行き、そこで感謝の祭儀にあずかれるかどうかである。この解決法は、できる限り維持すべきである。この場合、信者は主日の充実した集会の意味について教えられ、また、新しい事態に適応するよう導かれる必要がある。

19　主日には、たとえミサがささげられなくとも、さまざまのかたちの集会祭儀に集まる信者に対して、聖書と教会の祈願の宝庫を広く開くことが望ましい。それは、この人々が一年を通じてミサ中に朗読される神のことばと、典礼季節の種々の祈願の恩恵から除外されないためである。

20　ミサをささげられない場合のために、典礼の伝統が提供しているいろいろな祭儀のうちでも、とくに勧められるものに、ことばの祭儀が挙げられる。[18] これには、適宜、聖体による交わりを加えることができる。こうしてキリスト信者は、神のことばとキリストの尊いからだの双方で同時に養われることができるのである。「なぜなら、神のことばに耳を傾けることによって、信者は、朗読を通して宣言される神の数々の驚くべきわざが死と復活の神秘で頂点に達すること、ミサの中でその記念が秘跡として祝われること、聖体による交わりを通してそれにあずかることを知るからである」[19]。

さらに、ある事情のもとでは、適宜、主日の集会祭儀と他の秘跡の執行を合わせ、またとくに、それぞれの共同体の必要に応じて、ある種の準秘跡を合わせることができる。

21　これらの集会祭儀は補助的性格をもつものであって、それが新しい難局を乗り切るための最良の解決であるとか、あるいは便利さへの一種の譲歩であるとみなすことはできないことを、信者は、明白に認識しなければならない。[20] ミサがその主日にささげられたか、あるいはささげられることになっている場所で、もしくは前晩にささげられた場所で、このような集いや集会祭儀を繰り返すことは適当ではない。

22　以上述べた集会と感謝の祭儀とを混同することがないよう、細心の注意を払うべきである。集会祭儀は、感謝の祭儀にあずかる願望を信者のうちに絶やすどころか、むしろ、強めるとともに、感謝の祭儀によりよくあずかるよう、信者を促すものでなければならない。

23　信者には、司祭なくしては感謝の奉献をささげることが不可能であること、また、これらの集会で受けることのできる聖体がミサの奉献に密接に結ばれていることを伝えていかなければならない。このことから、「神がその秘義の分配者を増やし、彼らをご自分の愛に堅く踏みとどまるものとしてください[21]」と神に祈り求めることがどれほど必要であるかを、信者に示すことができる。

24　司祭評議会の意見を打診したうえで、自教区内に感謝の祭儀を伴わない主日の集会祭儀を定期的に導入すべきか否かを決定すること、さらに、関係する場所や人々のことを考慮したうえで、その集会祭儀のための一般規則と個別の規則を定めることは、教区長の任務である。

したがって、司教の招集と主任司祭の牧者としての役務のもとにのみ、このような集会を開くものとする。

25　「キリスト者共同体は、いとも聖なる感謝の祭儀の挙行に根を下ろし、それを要としなければ、決して自らを造り上げることはできない[22]」。それゆえ、司教は感謝の祭儀を伴わない集会祭儀の導入を決めるに先立って、諸小教区の実状を調査する（5参照）ほか、修道者も含め、直接司牧に従事していない司祭たちに協力を要請できるかどうかを検討し、さらに、それぞれの聖堂と小教区におけるミサの参加の実態を調査しなければならない[23]。

とくに主日には、あらゆる司牧活動のうち、感謝の祭儀を今後とも優先させなければならない。

26　司教は自身で、あるいは他の人々を介して適切な教話を行い、教区共同体に今回の措置を要請したいきさつを説明し、ことの重大性を指摘するとともに、共同責任と協力を呼びかける。司教は、集会祭儀が正しく行われるように、一名の代理者を立てるか、もしくは特別委員会を設置する。集会祭儀を推進する人々を選び、彼ら自身が適切に養成されるように配慮する。しかしながら、これらの信徒が一年を通じて、何回か感謝の祭儀にあずかれるようにつねに意を用いる。

27　管轄地域内における集会祭儀の適合性について、司教に情報を提供し、集会祭儀のために信徒を養成すること、時々彼らを週日訪ねること、彼らのために適時、秘跡、とりわけゆるしの秘跡を執り行うことは主任司祭の務めである。このようにして共同体は、主の日に自分たちが「司祭なしに」ではなく、ただ「司祭不在のときに」、より的確には、「司祭を待ちながら」集まっていることを実感できるに相違ない。

28　主任司祭は、ミサをささげることができない場合でも、聖体による交わりができるように配慮する。さらに、定められた時には、共同体ごとに感謝の祭儀が行われるように意を用いる。聖別されたパンはたびたび変え、また安全な場所に保存する。

29　主日の集会祭儀の司式は、司祭の第一の協力者である助祭に依頼する。祈りを司会すること、福音を宣言し、説教をすること、聖体を授けることは、神の民を牧し、成長させるために叙階された助祭の務めなのである。[24]

30　司祭と助祭のいずれも不在の場合、主任司祭は、主日の祭儀の世話をする信徒、すなわち祈りを指導し、ことばの祭儀を司会し、聖体を配る信徒を任命する。

主任司祭は、まず最初に祭壇と神のことばの奉仕に選任されている祭壇奉仕者と朗読奉仕者を立てる。彼らも不在ならば、他の男女の信徒を指名することができる。彼らがこの任務を遂行できるのは、洗礼と堅信の秘跡の恵みによるものである。[25]彼らを選ぶ際には、この人々の生活態度が福音的な生き方にかなっていること、また信者から好感をもって迎えられる人物である点に留意する。その指名は、ふつう、一定期間のために限定し、さらに共同体に公表する。何らかの儀式の中で、この人々のために特別な祈りを行うことが望ましい。[26]

主任司祭は、これらの信徒に対して絶えず適切な養成を施し、また、彼らとともに品格のある祭儀を準備するように心がける（三［35以下］参照）。

31　指名を受けた信徒は、ゆだねられた任務が名誉であるよりは、むしろ、使命であること、何よりもまず、主任司祭の権威のもとで行う、兄弟への奉仕であることを自覚しなければならない。その任務は、本来彼らに属するものではなく、「奉仕者が不足し教会に必要と認められる場合」[27]に果たす、補助的なものなのである。

各自は、「自らにかかわることだけを、そしてそのすべてを行わなければならない」[28]。信徒は自分にゆだねられた役割をこの偉大な奉仕にふさわしい、また、神の民が当然期待している誠実な信仰心と秩序をもって果たさなければならない[29]。

32　主の日に聖体拝領を伴う神のことばの祭儀を行うことができない場合、信者に大いに勧められることは、「個人的若しくは家庭で、又は都合に応じて家庭集会において、相応な時間[30]」を祈りに当てることである。この際に、テレビやラジオ番組のミサなどが役に立ち得る。

33　「教会の祈り」の一部分、たとえば、その主日の聖書朗読箇所を組み入れることのできる「朝の祈り」や「晩の祈り」を用いる可能性をとくに考慮に入れるとよい。それは、「信者は『教会の祈り』のために呼ばれ、一つに集まって、心と声を合わせるとき、キリストの神秘を祝う教会をあらわす[31]」からである。この祭儀の終わりに、聖体を授けることができる（46参照）。

34　「迫害や司祭不足の理由から、短期間あるいは長期間、聖なる感謝の祭儀に参加できないでいる個々の信者あるいは共同体に救い主の恵みが欠けることは決してない。事実、彼らは秘跡にあずかりたいとの希望で内的に生かされており、さらに祈りにおいて全教会と一つに結ばれて神に哀願し、また自分たちの心を神に上げているのである。

彼らは聖霊の力強い働きによって、キリストの生けるからだである教会ならびに主ご自身との交わりにあずかっており、秘跡の実りにもあずかっているのである[32]」。

三　ミサがないときの主日の集会祭儀

35　ミサのない場合の主日の集会祭儀は、神のことばの祭儀と聖体拝領の二部から成る式次第に従う。ミサに固有な要素、とりわけ供えものの奉納と奉献文は、この祭儀の中に挿入してはならない。集会祭儀の儀式は、もっぱら祈りを助けることと、単なる集会ではなく、典礼集会の様相を現すこととを目的としている。

36　各主日または祭日の祈願文と朗読箇所は、ふつう、『ミサ典礼書』と『朗読聖書』からとる。このようにして信者は教会の他の共同体との交わりの中で、典礼暦年の流れに沿って祈り、そして神のことばを聴くことになるのである。

37　主任司祭は、指名された信徒と一緒に集会祭儀を準備する際、参加者の人数と集会祭儀を実施する人の力量とを念頭に置くとともに、歌や楽奏に用いる楽器のことも考慮する。

38　助祭が集会祭儀を司式する場合には、役務者として要求されているとおりの仕方であいさつ、祈願、福音朗読と説教、聖体の分配、祝福を伴う参加者の解散を行う。助祭は自分の職務を表す服装、すなわちアルバとストラ、そして適当であればダルマティカを着用し、司式者の席を用いる。

39　集会祭儀で会衆を指導する信徒は、会衆と平等な立場にある者として振る舞う。それは、叙階された役務者が不在のときの「教会の祈り」や信徒が奉仕者をつとめる場合の祝福（「賛美と感謝のうちに」）におけるのと同様である。また、司祭や助祭に留保されている言いまわしを用いてはならず、明らかにミサを直接連想させる儀式、たとえばあいさつ、とくに「主は皆さんとともに」や、司会者の信徒が、役務者と混同されるような派遣のことばは省く。(33)

40　服装は、この奉仕にふさわしいものを着用するか、あるいは司教によって定められた式服がある場合にはこれを着用する。(34)司式者用の座席は用いず、内陣の外に別な椅子を用意する。(35)祭壇は奉献と過越の宴の食卓であるから、聖体の分配に先立って聖別されたパンを置くためにのみ用いる。

祭儀を準備する際には、朗読や歌などのために、適切な役割分担を定め、また場所の配置や装飾に意を用いる。

41　集会祭儀の枠組みは以下の要素から構成される。

① 開祭——信者が集まる時に共同体を形成することと、祭儀にふさわしい心構えをつくることを目的とする。

② ことばの典礼——この中で神はご自分の民に救いの秘義を啓示するために民に語りかけ、民は信仰宣言と共同祈願でこれに応答する。

③ 感謝——神はその偉大な栄光のゆえに祝福される（45参照）。

④　交わりの儀——キリストと兄弟たち、とりわけ、同じ日に感謝の奉献にあずかった兄弟たちとの交わりが表され、実現していく。

⑤　閉祭——典礼とキリスト教生活との間の関係が示される。

司教協議会あるいは教区長自身、場所と人々の状況を考慮し、全国典礼委員会もしくは教区典礼委員会の発行する資料によって集会祭儀そのものを、より詳細に規定することができる。

ただし、祭儀の枠組みは、必要なしに変更してはならない。

42　司会者は、冒頭の勧めの中、あるいは祭儀の他の箇所でその日主任司祭がどの共同体において感謝の祭儀を執り行うかを信者に知らせ、霊的にその共同体と一致するよう信者に勧めなければならない。

43　参加者が神のことばを心に刻むことができるように朗読の説明を加えるか、もしくは聴いたことを黙想できるように、聖なる沈黙の間を置くようにする。説教は、司祭または助祭に留保されていることであるか[36]ら、集会で読み上げるために、主任司祭は自ら準備した説教を、前もってグループの司会者に渡しておくことが望ましい。ただし、この点に関する司教協議会の規定に従う。

44　共同祈願は、定められた四つの意向で行うべきである。[37]なお、教区長の出した教区全体のための意向があれば、省略してはならない。また、司祭召命のため、教区長のため、主任司祭のための意向を頻繁に唱える。

45　感謝は次のいずれかの方法でささげる。

①　共同祈願の後、あるいは聖体を授け終わった後、司会者は信者が神の栄光といつくしみをたたえるために感謝をささげるよう、全会衆を招く。この感謝は詩編で表す（たとえば詩編100、113、135、147、150）か、または賛歌や福音の歌（たとえば「栄光の賛歌」「マリアの歌」……）で表すことができる。そのために連願を唱えることもできる。この場合、司会者は信者とともに立ち、祭壇の方に向かって一緒に唱える。

②「主の祈り」を唱える前に、司会者は聖櫃または聖体の置かれたところに近づき、一礼してから聖体容器を取り出して祭壇の上に置く。続いて信者とともに祭壇の前で、賛歌、詩編または連願を歌うか、唱えるかする。この場合、これらは聖体のうちに現存されるキリストに向けたものとなる。

なお、この感謝の祈りは奉献文の形を決して取ってはならない。混同をきたさないために、『ローマ・ミサ典礼書』に記載されている叙唱と奉献文の式文は使用しない。

46　交わりの儀は、カトリック儀式書の「ミサ以外のときの聖体拝領」の式次第で述べられているとおりに行う。[38]ミサ以外で聖体を受ける時でも、ミサの感謝の奉献と一つに結ばれているものであることを、たびたび信者に思い起こさせなければならない。

47　聖体による交わりのためには、できるなら、同じ日に別な場所でささげられたミサ中で聖別され、助祭あるいは信徒によってピクシス（蓋付き器、またはテカ）に入れて集会祭儀の始まる前に聖櫃にあらかじめ安置されたパンを用いる。その場所で最後にささげられ、ミサの間に聖別されたパンを用いることもできる。司会者は「主の祈り」を始める前に、聖櫃または聖体の安置された場所に行き、主の尊いからだを納めた容器を取って祭壇上に置き、ここで感謝をささげる場合（45）を別として、「主の祈り」の導入部を唱える。

48　聖体拝領の行われない場合でも、「主の祈り」は必ず全員で唱えるか歌うかする。平和のあいさつを入れることもできる。聖体を授け終わってから、「適当であれば、しばらく聖なる沈黙の間を置くか、詩編または賛歌を歌うことができる[39]」。なお、前記45番①に述べた感謝をささげることもできる。

49　集会を解散する前に、小教区または教区の生活に関連のある「お知らせ」をする。

50　「キリスト者個人と共同体の生活の源泉として、さらにまた御子イエス・キリストにおいて万人を集めるという神のみ心のあかしとして、主日の集会がもつ最高の重要性を評価し尽くすことは決してできないであろう。すべてのキリスト者は、聖体のパンで養われることなしに己が信仰を生きることも、教会全体の使命にその人なりに参与することもできないことを自覚しなければならない。同様に確信すべきことは、主日の集会が世界にとって感謝の祭儀という交わりの神秘のしるしだということである[40]」。

典礼省によって起草された本指針を、教皇ヨハネ・パウロ二世は、一九八八年五月二十一日付で認可し、承認し、発行を命じられた。

一九八八年六月二日　キリストの聖体の祭日

典礼省にて
長官　パウル・アウグスティン・マイヤー枢機卿
次官　ヴェルジリオ・ノエ　ヴォンカリア名義大司教

注

（1）ルカ24・27参照。
（2）教会法一二四八条第二項。
（3）「ビティニアの殉教記録」（*Acta Martyrum Bytiniae*, in D. Ruiz Bueno, *Actas de los Martires*, BAC 75 [Madrid 1951], 973）参照。
（4）教皇庁礼部聖省・典礼憲章実施評議会『典礼憲章実施に関する一般指針（一九六四年九月二十六日）』37（*Inter oecumenici*: *AAS* 56 [1964], 884-885）、教会法一二四八条第二項。
（5）第二バチカン公会議『典礼憲章』106（*Sacrosanctum Concilium*）。同付録「暦の改訂に関する聖なる第二バチカン公会議の宣言」参照。
（6）黙示録1・10参照。ヨハネ20・19、26、使徒言行録20・7―12、一コリント16・2、ヘブライ10・24―25も参照。

（7）『ディダケー（十二使徒の教え）』14・1（*Didachē*: ed., F. X. Funk, *Doctrina duodecim Apostolorum*, p. 42）。

（8）聖ユスチノ『第一弁証論』67（S. Iustinus, *Apologia* I: PG 6, 430）。

（9）『使徒戒規』2・59・1―3（*Didascalia Apostolorum*: ed., F. X. Funk 1, p. 170）。

（10）第二バチカン公会議『典礼憲章』106。

（11）聖イグナチオ（アンチオケ）『マグネシアの信徒への手紙』9・1（S. Ignatius Antiochenus, *Ad Magnesios*: ed., F. X. Funk 1, p. 199）。

（12）教皇パウロ六世「教皇庁定期訪問中のフランスの一部の司教たちへの演説（一九七七年三月二十六日）」（*AAS* 69 [1977], 465）の「目的は主の過越の唯一の、真の実現であるミサの奉献の祝祭であり続けるべきです」参照。

（13）第二バチカン公会議『典礼憲章』106。

（14）教皇庁礼部聖省『聖体祭儀指針（一九六七年五月二十五日）』（以下、『聖体祭儀指針』）25（*Eucharisticum mysterium*: *AAS* 59 [1967], 555）参照。

（15）同、第二バチカン公会議『典礼憲章』106。

（16）「多元的社会における日曜日の意義――カナダ司教協議会の司牧的見解」（«Le sens du dimanche dans une société pluraliste. Réflexions pastorales de la Conférence des evêques du Canada» in *La Documentation Catholique* n. 1935 [1987], 273-276）参照。

（17）黙示録7・9。

（18）第二バチカン公会議『典礼憲章』35・4参照。

（19）カトリック儀式書『ミサ以外のときの聖体拝領と聖体礼拝（規範版）』（以下『ミサ以外のときの聖体拝領』）

26（*Rituale Romanum, De Sacra Communione et de Cultu Mysterii eucharistici extra Missam*）。

（20）教皇パウロ六世「教皇庁定期訪問中のフランスの一部の司教たちへの演説（一九七七年三月二十六日）」（*AAS* 69 [1977], 465）の「鋭敏な認識をもって実践してください。ただし、そういうたぐいの集会を最善策、最後の機会とみなし、増やしていくことがないようにしてください」参照。

（21）『ローマ・ミサ典礼書（規範版）』種々の機会のミサの「召命を求めて」の奉納祈願。

（22）第二バチカン公会議『司祭の役務と生活に関する教令』6（*Presbyterorum ordinis*）。

（23）『聖体祭儀指針』26（*AAS* 59 [1967], 555）参照。

（24）教皇パウロ六世自発教令『アド・パシェンドゥム（一九七二年八月十五日）』1（*Ad pascendum: AAS* 64 [1972], 534）参照。

（25）教会法第二三〇条第三項参照。

（26）カトリック儀式書『祝福式（規範版）』（以下、『祝福式』）第二章Ⅰ・B（*Rituale Romanum, De Benedictionibus*）。

（27）教会法第二三〇条第三項。

（28）第二バチカン公会議『典礼憲章』28。

（29）同29参照。

（30）教会法第一二四八条第二項。

（31）「教会の祈りの総則」22（*Institutio generalis de Liturgia Horarum*）。

（32）教皇庁教理省書簡「ミサの奉仕に関する若干の問題について（一九八三年八月六日）」（*Epistula ... de quibusdam quaestionibus ad Eucharistiae ministrum spectantibus: AAS* 75 [1983], 1007）。

（33）「教会の祈りの総則」258参照。『祝福式』48、119、130、181参照。

（34）『ミサ以外のときの聖体拝領』20。
（35）「教会の祈りの総則」258参照。
（36）教会法第七六六―七六七条参照。
（37）「ローマ・ミサ典礼書の総則」69―71（*Institutio generalis Missalis Romani*）参照。
（38）『ミサ以外のときの聖体拝領』第一章。
（39）同37参照。
（40）教皇ヨハネ・パウロ二世「教皇庁定期訪問中のフランスの一部の司教たちへの演説（一九八七年三月二十七日）」。

司祭不在のときの主日の集会祭儀【試用版】

二〇一八年十一月十一日発行

日本カトリック司教協議会認可

編集　日本カトリック典礼委員会

発行　カトリック中央協議会

〒一三五―八五八五　東京都江東区潮見二―一〇―一〇
日本カトリック会館内

☎〇三―五六三二―四四一一（代表）

☎〇三―五六三二―四四二九（出版部）

https://www.cbcj.catholic.jp/

印刷　株式会社精興社

ISBN978-4-87750-214-0　C3016

乱丁本・落丁本は、弊協議会出版部あてにお送りください。
弊協議会送料負担にてお取り替えいたします。